Jiang Jieshi
and
Feng Yuxiang

蒋介石

与

冯玉祥

周玉和 —— 著

团结出版社

图书在版编目（ＣＩＰ）数据

　　蒋介石与冯玉祥 / 周玉和著. -- 北京 ：团结出版
社，2018.1
　　ISBN 978-7-5126-5743-4

　　Ⅰ．①蒋… Ⅱ．①周… Ⅲ．①蒋介石（1887-1975）
—传记②冯玉祥（1882-1948）—传记 Ⅳ．①K827=7
②K825.2

　　中国版本图书馆 CIP 数据核字 (2017) 第 271053 号

出　版：团结出版社
　　　　（北京市东城区东皇城根南街 84 号　邮编：100006）
电　话：（010）65228880　65244790　（出版社）
　　　　（010）65238766　85113874　65133603（发行部）
　　　　（010）65133603（邮购）
网　址：http://www.tjpress.com
E-mail：zb65244790@vip.163.com
　　　　fx65133603@163.com（发行部邮购）
经　销：全国新华书店
印　装：三河市东方印刷有限公司

开　本：170mm×240mm　　16 开
印　张：15
字　数：222 千字
印　数：4045
版　次：2018 年 1 月　第 1 版
印　次：2018 年 1 月　第 1 次印刷

书　号：978-7-5126-5743-4
定　价：48.00 元

目录
Contents

一、机缘

起先，他们素不相识，甚至连对方的名字都不知道。

起先，他们并不是一条道上跑的车，一个是孙中山的追随者，一个是曹锟、吴佩孚属下的一员战将。

可是，他们还是走到了一起。

凡事都有个原因，两个人的相互联结，不论男人或女人，总要有个机缘。

他们的机缘是什么呢？是 1926 年至 1927 年的那场大革命。

两位总司令

1926 年 7 月 9 日，广州东校场旌旗招展，人头攒动，10 万军民云集，"打倒帝国主义！""打倒军阀！""打倒封建势力！"等口号声此起彼伏，响彻云霄。

这里正在举行国民革命军北伐誓师大会。一位年约 40 岁的中年男子，身着戎装，昂首挺胸，神采奕奕地站在主席台上，一阵掌声过后，他发出了浓重的浙江话音：

"今天，是国民革命军举行誓师典礼的纪念，亦是本总司令就职的日子。本总司令自觉才力绵薄，为中国国民革命的前途负如此重大的责任，惶恐万分。但现在北洋军阀与帝国主义者，已来重重包围我们、压迫我们了，如果国民革命的势力不集中统一起来，一定不能冲破此种包围、解除此种压迫。所以本总司令不敢推辞重大的责任，只有竭尽个人的天职担负起来，将生命交给党、交给国民政府、交给国民革命军各位将士。自应鞠躬尽瘁，死而后已……"末尾几句淹没在热烈的掌声和口号声中。

这位国民革命军总司令，就是中国现代政治舞台上赫赫有名的蒋中正，字介石。他的名字很多，但他从政后经常用的就是这一"名"一"字"，而人们则普遍以"字"相称，"蒋介石"三个字可以说是声震中外，人人皆知。

两个月后，也就是这一年的 9 月 17 日，在中国北方的一个偏远小镇，举行了另一个誓师大会。

五原，现在内蒙古自治区境内，当年是绥远省的一个县城。这里，比不得广州，它贫瘠、荒凉，人烟稀少。汇集在这里的队伍——一部分国民军，也比不上国民革命军，它人数不多，衣着不整，枪械不齐，是一支溃散后重新收容起来的队伍。

然而将士们队列齐整，精神抖擞，内心充满希望，脸上带着欢欣。在这座县城的小小广场上誓师参加国民革命。广场一侧的一座土台上，国民党中央执行委员于右任将一面国民党党旗高高举起。一位年约45岁的军人站了起来，他身躯高大魁伟，神态庄严郑重，浓眉下的双目炯炯有神，扫视了一下于右任，注视着在秋风中飘展的党旗，迈开大步，双手接了过来。面向台下将士，发出了洪钟般的声音。

他宣布，受各将领公举，他出任国民联军总司令，宣誓就职。

他宣布，国民军全体将士集体参加国民党。

他宣布，国民军全体将士参加国民革命。

他宣读了誓词：

"国民军之目的。以国民党之主义，唤起民众。铲除卖国军阀，打倒帝国主义，求中国之自由独立，并联合世界上以平等待我之民族，共同奋斗，特宣誓生死与共。不达目的不止。此誓。"

国民革命军誓师北伐的场面

这位国民联军总司令，就是本书的另一位主人公——冯玉祥。他同蒋介石一样，也是中国现代史上的著名人物，同样闻名遐迩，同样中外皆知。

两个人自然还有不同之处。此时的蒋介石正在仕途上奋力攀登。从响应辛亥革命到出任总司令，不像冯玉祥那样艰辛、坎坷，凭他的机智、努力和计谋，基本上是扶摇直上、步步青云。

1922 年 6 月，陈炯明炮轰总统府，孙中山蒙难永丰舰，蒋介石应召来到孙的身边，帮助筹划，并肩战斗，护送脱险，平安抵沪。此举不能武断地视为"投机"革命。临危受命，患难与共，总是需要一定的真诚。但是，

它也给蒋介石带来了扩大影响和抬高身价的绝好机会。聪明的蒋介石是不会放过这个机会的。与孙中山同登永丰舰，坚持同叛军战斗者，不止蒋介石一人，然而只有他在事后写了一本《孙大总统广州蒙难记》，孙中山在序言中对他称赞不已："陈逆之变，介石赴难来粤，入舰日侍予侧，而筹划多中。乐与予及海军将士共死生。"

孙中山的赏识和信任，使蒋介石得以出任黄埔军校筹备委员会委员长，并在 1924 年 5 月正式当上了该校校长。起初，蒋介石曾因不能插手党务和军政大事而一度消极。但是后来他却感到这一职务对他的重要意义，因而紧紧地抓住它，充分地利用它，掌握了一批为他所用的军事干部，进而建立起听命于自己的嫡系部队。

1924 年下半年和 1925 年，是广东革命政府的多事之秋。蒋介石率队镇压了广州商团叛乱，两次东征陈炯明。平定了杨希闵、刘震寰叛乱，巩固了广东革命根据地。这几次军事行动的胜利，有赖于共产党人的参与指挥和政治

北伐时期的蒋介石

思想工作，有赖于工农民众的积极支援。同时，也与蒋介石的指挥密切相关，从而大大提高了他的声望和在国民党中的地位。

1926年1月国民党二大召开，蒋介石被选为中央执行委员。在此前后，除了黄埔军校校长之外，他还担任了多项军事要职：军事委员会委员、国民革命军第一军军长、广州卫戍司令、长洲要塞司令、国民革命军总监（相当于后来的总司令）。

1926年3月20日，蒋介石施展计谋制造了中山舰事件，将共产党员排挤出了国民革命军，使这个军成为他一手独揽的嫡系部队。这一年5月，

讨伐张勋辫子军的冯玉祥

蒋介石为了限制共产党、夺取国民党党权，提出了"整理党务案"，在国民党二届二中全会上通过。当然，这又是一个计谋：经过这一整理，担任国民党中央部长的共产党员被"整理"下来，对孙中山联俄、联共、扶助农工政策怀有二心的右派分子被"整理"上去，而获取更大、更多权力的是蒋介石，他此时担任的职务有：

国民党中央执行委员会主席；

国民党中央组织部部长；

国民党中央军人部部长；

国民政府军事委员会主席；

国民革命军总司令。

对蒋介石来说，地位越高越好，权力越大越好，他在总司令部组织大纲里又做了这样的规定：出征动员令下达后，凡国民政府所属军、政、民、财各机关，均须受总司令指挥。就这样，蒋介石在"总司令"和"独揽大权"之间加了一个等号，而前者就是他自己。

国民革命军即将大举北伐，给蒋介石这位总司令带来了施展抱负的大好机会。这时，他虽然是大权独揽，但所辖地区只有广东、广西，中国绝大部分省区还在北洋军阀控制之下，实现孙中山遗愿也好，统治全中国也好，他都要率军出征，进行国民革命。

国民联军总司令冯玉祥，同蒋介石相比，则有许多差异！冯玉祥，字焕章，祖籍安徽巢县，生于河北青县：他不像蒋介石那样幸运，有个盐商的家庭，有出国留学进入军事学校的机会，他幼年家境贫寒，12岁即吃粮当兵；他没有蒋介石那样染指证券交易所的经历和投机取巧的素质，而是凭借苦练、勇猛、实干和才能，从士兵依次升迁，旅长、师长而督军；他在走向国民革命的过程中，更不像蒋介石那样一帆风顺，而是充满曲折和艰辛。

冯玉祥来自中国社会底层，早年就有朴素的爱国思想，在1911年辛亥革命的大潮中，他和其他革命官佐发动了滦州起义，1915年袁世凯称帝，他参加了反袁护国战争，1917年他又率军平定了张勋复辟。这些行动反映了他反对专制，维护共和的进步倾向，但这时的冯玉祥却未能跳出北洋军阀营垒，仍然是其中的一员战将。

20世纪20年代的冯玉祥

从1920年开始，冯玉祥和孙中山建立了联系，他的爱国为民思想日增、革命倾向日浓，而吴佩孚的压制与排挤，又把他自我发展的道路堵死，于是，他乘第二次直奉大战正酣之机，于1924年10月毅然倒戈回师，发动了北京政变，推翻了直系统治。冯玉祥将这次政变称为"首都革命"。严格说来，此举还不算革命，不过，它却是冯玉祥从北洋军阀营垒向革命迈进的起点。

北京政变后，冯玉祥电邀孙中山北上主持大计，并将所部改称国民军，任总司令。但是，冯玉祥的军事实力有限，还不足以控制整个局势，他在思想上对革命、对军阀还缺乏本质的认识。因而，北京政变的成果很快就落到了段祺瑞和张作霖手里，他却受到了排挤，被任命为西北边防督办，离京到张家口赴任；国民军名称被取消，改称中华民国西北边防军，西北军的名称即由此而来，但习惯上仍沿用国民军这一名称。

冯玉祥倾慕孙中山的主张，倾向革命，并和苏联取得了联系，国民军所辖地区的民众革命斗争不断发展，在北洋军阀眼中已成了"赤化将军"。1926年1月，张作霖和吴佩孚，这两个杀个你死我活的冤家对头，又联合起来，会同其他军阀，先要"扑灭北方赤化"，而夹击国民军。形势所迫，冯玉祥只好宣告下野，西北边防督办一职由张之江代理，想以此避免敌对势力的攻击，保存国民军这支队伍。

1926年3月，冯玉祥启程赴苏联考察，4月初途经外蒙古库伦（今乌兰巴托）时，与前往广东的苏联顾问鲍罗廷和于右任、陈友仁、徐谦等国民党人相遇，商谈了国民党与国民军合作问题，并经徐谦介绍，加入了国民党。鲍罗廷等按原计划转赴广东，徐谦留下来同冯一起赴苏。5月9日，冯玉祥一行抵达莫斯科。苏联军政官兵的热烈欢迎，中国留学生高举的"欢迎人民军队领袖"的大幅标语和"中国国民军万岁"的口号声，使冯玉祥深受感动，他对记者说："在俄国，找到了中国将来发展的榜样。"

冯玉祥的下野与出国，并没有使张作霖、吴佩孚等放弃对国民军的进攻。国民军四面受敌，被迫放弃原来驻地，向南口方向撤退。4月15日，各路敌军50多万人围攻南口，国民军只有20万人，在敌众我寡、给养困难、饷械无继情况下，凭险据守，艰苦抗敌，8月15日退却突围，撤向绥远、陕西、甘肃一带。

冯玉祥在苏联会见了许多重要的苏联领导人、共产国际的负责人和在苏的中共人士，参观了军事学校和工厂，接触了工人、农民和士兵。新型的苏维埃国家，使他感到新奇、振奋，广泛的接触与交谈，使他决心为国民革命而战。

6月，他派出代表回国同国民党中央和国民政府联系，7月，双方决定：国民军接受孙中山先生的三民主义和联俄、联共、扶助农工三大政策，

冯玉祥五原誓师的场面

从北方协助国民革命军进行北伐；国民政府对国民军按照国民革命军的标准待遇。

7月下旬以后，冯玉祥陆续得到了国民军南口大战和撤出南口及国民革命军出师北伐的消息。国民军的现状与处境，急需他重整旗鼓；国民革命的进展，催促他率军出征。8月7日，冯玉祥一行离开莫斯科，踏上了回国之路。

冯玉祥此次出国与回国，用他自己的话来说，"是没有办法而去，有了办法而来"。他不仅明确了方向，下定了决心，而且还请来了苏联顾问和帮他做政治工作的刘伯坚等中共人士，同他一道回国，在弹药接济和装备支持方面也得到了苏联允诺。

5月16日，冯玉祥一行到达五原。这时，国民军务部也纷纷向这里集中。17日，国民军务将领推举他为国民联军总司令，他发表了就职宣言，即五原誓师。

冯玉祥在这篇长达3000多字的宣言中，明确宣布奉行孙中山的主张，服从国民党，拥护国民政府；回顾了自己的经历，说明了自己倒戈的正义性和进步性；深刻地批评了自己以前的政治主张；阐明了联苏反帝的必要性；指出国民军应与民众结合，贯彻孙中山的扶助农工政策。

冯玉祥经过多年的摸索与苦斗，终于加入了革命行列。

南北革命军

蒋介石统串的国民革命军，誓师北伐时共有 8 个军，10 万人。第一军至第六军驻广东，军长依次为蒋介石（后为何应钦）、谭延闿、朱培德、李济深、李福林、程潜。第七军军长李宗仁，驻广西。第八军军长唐生智，驻湖南。

国民革命军虽然大多数来自旧军队，但它却是依照苏联红军建立或改造而成的新式部队，聘请了苏联顾问，建立了党代表制度和政治工作制度，一些共产党人担任了党代表和政治部主任，政治素质和战斗能力都有显著变化，非以往的军阀部队可比。不过，这支部队毕竟是从军阀部队脱胎而来，仍然带有旧军队的印记，从蒋介石到各军军长及其他高级将领，大敌当前，大都能够为国民革命效力，但当工农民众真正起来，他们又惧怕革命，把这支部队的绝大多数又领回了原来的老路上去。

与护国军作战的冯玉祥

冯玉祥统率的国民军，五原誓师时，除原驻甘肃的以外，不足 5 万人，但经过冯玉祥亲自检点整顿，全军井然有序，精神振奋。同国民革命军一样，国民军也聘请了苏联顾问，成立了国民党最高特别党部，冯玉祥出任党代表，并在中共人士帮助下，加强了政治思想工作，成为一支富有革命气息的部队。

同样，国民军也是来自旧军队，自然也存有许多旧东西，冯玉祥本人亦是如此，他重新组建了一支致力于国民革命的部队，但当基本打垮北洋军阀之后，他又把这支部队作为发展自己的资本，回归到军阀营垒中去。

南北两支革命军有一个共同的敌人，那就是北洋军阀。这时，北洋军阀不仅掌握着中央政府，控制着全国绝大部分地区，而且军事实力也远远超过革命军，盘踞各省的地方军阀不算，仅3个大的军阀就有75万人的兵力，其中：

直系军阀吴佩孚，拥兵20万，控制河南、湖北和湖南大部及直隶南部等地。

原为直系，现已自成一派的孙传芳，也是拥兵20万，盘踞苏、浙、皖、闽、赣五省，自称"五省联军总司令"。

奉系军阀张作霖，有35万人马，占有东北和山东、直隶、热河、察哈尔等地，并控制着北京政权。

直奉两系军阀，为了权势之争，在1922年和1924年的两次大战中，曾打得你死我活、头破血流。这时，为了共同对付革命，在北方，他们又联合起来攻打国民军；在南方，企图以直系全力进攻广东。孙传芳表面上观望，挂起"保境安民"招牌，实际上也在积极备战，伺机进袭广东。

国民革命军根据敌众我寡和军阀部队的态势，决定采取集中优势兵力、各个击破的方针，即先打吴佩孚，再打孙传芳，最后消灭张作霖。为此，国民革命军除一部留守广东、广西外，绝大部分兵力都开往北伐前线，其中投入湖南、湖北的就有八九万人，以五六万人攻打吴佩孚，以三万人左右警戒江西，防堵孙传芳援吴。

冯玉祥在张家口迎接苏联顾问鲍罗廷

　　国民革命军誓师北伐之前，1926 年 5~6 月，第四军的叶挺独立团和两个师及第七军，就已先后入湘援助唐生智，稳定了湖南战局，与唐的第八军相配合，7 月 11 日，攻占湖南首府长沙。一个月后，即 8 月 11 日，以蒋介石为首的总司令部和以加伦为首的苏联军事顾问团抵达长沙。他们从广东出发，一路上受到沿途民众的热烈欢迎，长期受战乱之苦的湖南民众显得尤为热烈和真诚。蒋介石等到达的前一天，长沙 5 万多欢迎群众从炎热的中午就开始恭候，一直到次日凌晨 3 点才一睹总司令的风采。民众对北伐军的支援与欢迎，使蒋介石激动不已，他说，北伐军从广州到长沙，沿途民众燃放鞭炮致敬，为北伐军带路挑担、供粮供水，表现了真诚相助之意。

　　8 月 12 日，蒋介石在长沙召开了军事会议，决定将战争引向湖北，直捣武汉。会后，北伐军发起攻击，连克九江、岳州，进入湖北境内。8 月 27 日和 30 日，北伐军先后攻克粤汉路上的两个军事要隘——汀泗桥和贺胜桥。9 月 1 日，进逼武汉。

　　9 月 3 日，蒋介石到达武昌近郊，指挥攻城。5 日，强攻武昌失败。但吴佩孚受炮火威胁，北逃河南信阳，留下城防司令刘玉春率 3 万人死守。6 日和 7 日，北伐军先后进占汉阳和汉口，武昌在围困中，攻克只是时日问题，湖北战事大局已定。

　　主要战场转向江西，除一部留守两湖和围困武昌外，北伐大军东移，9 月 19 日攻占南昌。孙传芳调精锐部队反攻，22 日展开激烈争夺，蒋介石的第一军第一师师长王柏龄不听调遣，并且夜宿妓馆，使得军中无主，与敌刚一接触，即全军覆没，王柏龄和师党代表缪斌只身脱逃。23 日，北伐军被迫退出南昌。

　　中山舰事件时，蒋介石将共产党人排挤出了第一军，使得这个军纪律败坏、战斗力日衰。这次开赴江西作战的第一师和第二师欺压群众、强占民房，军官们吃空饷，非嫖即赌，许多士兵吸毒抽大烟，这些堕落败坏情形，蒋介石一清二楚。为此，他感到脸上无光，十分气愤，早在 7~8 月，就曾几次训斥王柏龄等人，"不能严振风纪，败坏第一军之名誉"，要求他们"各发天良，严约所部"，甚至说："如果不能照我的话做到，我不再讲什么话，只有多预备几颗子弹，来枪毙我自己的学生。"可是，蒋介石的"痛诚"丝毫

晚年吴佩孚

不起作用，第一师在南昌争夺战中仍然是长官嫖妓，全军覆没。蒋介石说的话也根本不能兑现，对只身脱逃的王柏龄，不但没有枪毙，没给任何惩罚，反而继续重用。

凡是忠于他的黄埔系军人，即使犯法有罪，也会受到庇护和提拔。

1926年10月10日是武昌起义纪念日，围困武昌的第四军，以叶挺独立团打先锋，一举攻下武昌城，生俘刘玉春。至此，吴佩孚的主力基本被消灭，两湖战场胜利结束。

第四军作战勇敢，屡克强敌，被誉为"铁军"，尤其是叶挺独立团，骨干力量为共产党员和青年团员，战功卓著，纪律严明，破城夺隘，负有盛名，北伐名将叶挺，更是家喻户晓，广为传扬。

攻克武昌的第二天，10月11日，江西方面的北伐军再次围攻南昌。12日，蒋介石亲自指挥攻城，未果，大军后撤。

10月15日，蒋介石重新制定作战计划，将入赣部队编组成3路大军，亲任总指挥，于11月1日发动攻击，首先肃清了南昌外围敌军，5日，攻克九江，孙传芳逃回南京。接着，3路大军会攻南昌，守军争相逃命，8日，占领南昌。

至此，孙传芳在江西的10万大军，几乎全被消灭。

11月9日，蒋介石的总司令部移驻南昌。

当孙传芳主力投向江西，福建空虚之际，何应钦率第一军一部入闽，驻闽敌军纷纷倒戈，未经大的战斗，即于2

脱离直系后自认"五省联军总司令"的孙传芳

月 18 日进占福州，继而收复福建全省。

1927 年 1 月，北伐军兵分 3 路，继续进军。除一路出湖北沿京汉路北上，向河南进军外，另两路向长江下游推进，2 月，进占杭州，接着占领安庆、芜湖等地。3 月 22 日，上海工人第三次武装起义胜利，北伐军未费一枪一弹进入上海。24 日，进占南京。

国民革命军出师北伐不到十个月，就消灭了吴佩孚、孙传芳两大军阀的主力，把革命由珠江流域扩展到长江流域，解放了大半个中国。

五原誓师后，冯玉祥采纳了李大钊派人所传达的建议，确定了"固甘援陕，联晋图豫"八字战略方针，准备在取得陕西后，出潼关，沿陇湾路南下河南，与北伐军连成一气，夹击奉军。

甘肃和陕西两省，以前就是国民军所辖地区。这时，甘肃已成为国民军的后方，而陕西则受到了地方军阀刘镇华的侵扰。从 1926 年 2 月起，刘镇华受吴佩孚支持，又以 10 万重兵围攻西安，城内国民军李虎臣和杨虎城所部被困已有 8 个月之久。处境困难，不断致电五原求援。

冯玉祥派出七路大军援陕，孙良诚所部一路先行，1926 年 9 月底进占咸阳。旋即在西安近郊与敌展开激战，敌众我寡，加之阴雨连绵，供给奇缺，作战十分艰苦，几乎不支。正在进退两难之际，后援部队陆续赶到，实力大增，精神大振。11 月 26 日全面攻击，激战一昼夜，敌军分向潼关、同州、武关一带溃退，27 日，西安之围被解，国民军乘胜前进。

西安长期被困，绝粮断炊，军民冻饿而死者达 5 万人之多，杨虎城在献给死难军民

奉系军阀张作霖

的挽联中写道："生也千古，死也千古；功满三秦，怨满三秦。"西安保卫战吸引了 10 万敌军，分散了吴佩孚的兵力，在战略上配合了国民革命军的北伐，有助于国民革命。然而，守城部队在最后两个月里，因断粮而向市民征收粮食，甚至入宅抢粮，颗粒不留，致使民众断炊，饿死众多，有一天，竟有 1600 多人倒毙街头。因此，民众产生悲怨也是自然的。

西安解围，是国民军五原誓师以来的一次重大胜利，全军士气大振，扭转了自南口战败后的被动局面，在陕西站稳了脚跟，除甘肃外又有了一块巩固的后方基地。冯玉祥把这一胜利比作下棋："得此一着，全局都有了办法"。他满怀豪情，赋诗写道："拼命流血求解放，一往向前不回头。重层压迫均推倒，要使平等现五洲！"

1927 年 1 月，冯玉祥抵达西安，着手整顿地方政务和部队，规定国民联军总司令拥有党政军的最高权力，要求各地铲除贪官污吏和土豪劣绅，为人民建设廉洁政府，指出军队是人民的武力，为人民谋利益。2~3 月，又连续发出信函、通令和告诫，要求各部队加紧训练，清除败坏分子，整饬军纪风纪；要求高级军官注意学习革命理论，明确救国重任，宣传民众，扶助民众团体。多学多问，增长知识；要求军政官员不得向上级送礼、向他人索财，不得随便宴会、借公事向他人买好卖好。不可傲慢和借势凌人。

冯玉祥的政务整顿和军队建设得到了共产党人的有力帮助。担任行政、军事、政治和宣传职务的共产党员、青年团员都起了积极作用。共产党人刘伯坚在担任国民军政治部副主任和主任期间，提出了"军队政治化""军队与民众相结合"等口号，他有效的组织工作和政治教育工作，深受广大官兵的欢迎和冯玉祥的称赞。"听过刘伯坚演一次讲，当得了 3 个月的饷。"这是在官兵中广为流传的一句话，"有热心，有毅力，有才干，有卓著的工作表现。我即无法不钦佩他"，这是冯玉祥的赞语。

正当冯玉祥和他的国民军在革命道路上前进，准备打出潼关，兵伐中原与国民革命军会师之际，进抵长江流域的国民革命军却发生了裂变。

会师陇海线

蒋介石为北伐战争付出了精力，花费了心血，北伐战争也使他受益匪浅：不仅声名远扬，而且增强了军事实力，国民革命军由出师时的 8 个军猛增到 40 多个军，其中许多成为他直接控制的部队。野心，驱使他极力扩充自己的势力；军事实力的增强，又使他的野心急剧膨胀。

随着革命中心的转移，1927 年 1 月，国民政府明令迁都武汉。但是，两湖地区工农运动的高涨，忠诚于国民革命的共产党人和国民党左派人士力量的增强，是蒋介石实现军事独裁的极大障碍。蒋介石为了使国民党中央和国民政府处于他总司令部控制之下，极力反对迁都武汉，并召开会议，非法决定"中央党部与国民政府暂驻南昌"。蒋介石独断专行的非法行为，遭到国民党中央的坚决反对，在武汉为他举行的欢迎会上又受到民众的当场指责，他理屈词穷，无言以对。迁都南昌的企图未能实现。

然而，南昌仍是蒋介石活动的中心。他派人与各国列强联系，寻求支持。与北京张作霖接洽、商谈。南北妥协。一时间，各帝国主义的买办走狗、北洋军阀的官僚政客，纷纷云集南昌，进行所谓"政治南伐"，同蒋介石秘密策划。

帝国主义和买办资产阶级找到了新的代理人，蒋介石有了靠山和支持者，内外勾结，向革命发动了进攻。本来，1927 年 3 月，是国民革命取得重大胜利的时节。可是，由于蒋介石的背叛，它又是革命开始走向失败的时节，就在这个月里，蒋介石唆使亲信先后在赣州、南昌、九江、安庆、杭州等地，或打死打伤共产党员及革命民众，或捣毁拥护孙中山三大政策的国民党党部，或解散工会、农民协会等民众组织，或派兵镇压工人纠察队，大打出手，凶相毕露。

3 月 26 日，蒋介石到达上海，与中外反动势力进一步勾结。4 月初，指使吴稚晖、张静江等人提出弹劾共产党的议案，公布弹劾文告，为反革命政变做舆论准备。4 月 3 日至 5 日，又与刚从海外归来的汪精卫及李宗仁、李济深、白崇禧、黄绍竑、张静江、吴稚晖、古应芬等人连续召开秘密会议，在反共问题上取得一致。蒋介石不愧是一个谋略家，一面加紧准备和部署反革命政变，一面又玩弄政治欺骗。麻痹他即将屠杀的对象，假惺惺地向工人阶级表示："纠察队本应武装，断无缴械之理，如有人欲意缴械，余可担保不缴一枪一械。"4月6日，他还派军乐队给工人纠察队送去锦旗一面，上写"共同奋斗"亲笔题字，对上海工人表示"敬意"。

一切部署就绪，4月9日，蒋介石离上海去南京。3天后，一场事先布置好的反革命大屠杀从上海开始了。

4月12日凌晨，受蒋介石指使的青帮流氓打手冒充工人，从公共租界出动，袭击工人纠察队。工人纠察队奋起反击，双方发生激战。蒋介石布置的反动军队以"调解工人内讧"为名，收缴工人纠察队1700多条枪，打死打伤300多人。13日，上海20万工人罢工，以示抗议，并召开群众大会，要求归还工人武装、严惩祸首。会后举行游行示威，当队伍走到宝山路三德里时，埋伏在这里的军队突然用机枪向徒手群众扫射，打死100多人，打伤无数。当时，大雨滂沱，宝山路上血流成河。接着，反动派大肆捕杀共产党员和革命群众。据不完全统计，政变后的3天中，就有300多人被杀，500多人被捕，5000多人流亡失踪。这就是蒋介石一手策划发动的"四一二"反革命政变。

"四一二"反革命政变后，国民党反动派又在广州发动了"四一五"反革命政变，此外，还在广西、江苏、浙江、福建、四川等地实行"清党"，无数共产党员和革命群众牺牲在反动派的屠刀之下。

1927年4月18日，蒋介石以出卖革命换取了帝国主义和买

"四一二"时期的汪精卫

办资产阶级的支持，在工人阶级和广大人民的血泊中，建立了反革命的南京"国民政府"，以胡汉民为主席。

蒋介石的背叛，使革命营垒发生重大裂变。原来国民政府所统辖的地区一分为二，出现了互相对立的两个政权：武汉国民政府辖有湖北、湖南、江西三省和河南一部分，仍是当时中国革命的指导中心；南京蒋介石政权占有江苏、浙江、安徽、广东、广西等省，已成为反革命势力的中心。原来的国民革命军也一分为二：武汉国民政府所统辖的部队，此时仍是为国民革命效力的军队；蒋介石所控制的部队，则变成了新军阀的工具。

汪精卫与蒋介石等举行反共秘密会议之后，4月10日到达武汉，却摆出一副"左派"的姿态。他在公开谈话中表示，要与共产党为中国革命同生死、共存亡，甚至慷慨激昂地高喊："革命的向左来，不革命的滚开去。"

汪精卫的反共决心已定，但又暂时将反革命面目掩藏，企图利用武汉国民政府的合法地位和武汉地区的革命力量，与蒋介石争雄天下。因此，在汪精卫叛变革命之前，武汉地区的工农运动仍在继续发展，武汉国民政府也同民众一起，掀起了声势浩大的讨蒋运动，并决定继续进行北伐，与冯玉祥的国民军会师，打通同苏联的交通线，然后再回过头来对付蒋介石。

1927年4月19日，武汉政府北伐军在武昌誓师，总指挥唐生智率军沿京汉路北上，5月中旬在驻马店地区集中后，向河南奉军发起总攻，连克许昌、新郑等地。奉军不支，从6月1日起，全部向黄河以北败退。

早在3月间，冯玉祥就发布了讨奉檄文，决定东出潼关，进军中原，与国民革命军会师。为此他任命于右任为驻陕军总司令、刘郁芬为驻甘军总司令，坐镇后方。5月1日，冯玉祥在西安宣誓就任武汉政府任命的国民革命军第二集团军总司令之职。誓词说：

> 谨奉国民政府命令，于十六年五一劳动节日，在西安新城整率全体革命将士，为大多数被压迫国民，谋最大幸福之决心，联合革命民众。将全力献给党，拥护党之主义及政策，与国际帝国主义者及国内一切反革命势力，作最后决斗，完成田民革命，愚此目的，生死赴之。谨宣誓于青天白日之下。

在郑州与北伐军会合的冯玉祥部队

5月6日，冯玉祥到潼关督师，所部第二集团军东进河南，与奉军展开激战，连克数座县城。8月下旬攻占新安和洛阳。接着，分两路向新乡和郑州进击，6月1日，与武汉北伐军在郑州会师。6月4日，武汉北伐军占领开封。南北两支国民革命军兵伐中原，攻克郑、汴，取得了北伐的又一重大胜利。

5月1日，蒋介石的南京政府也发布了继续北伐令，组织部队沿津浦路北上，渡过长江后，于6月2日占领徐州。

冯玉祥和宁汉双方的主力部队，都集结在陇海铁路线上。冯玉祥控制了陇海、京汉两路交叉口，其军事实力和所处战略地位，举足轻重，成为宁汉双方极力争取的重要人物。汪精卫集团在讨蒋和反共问题上，需要冯玉祥的支持；冯玉祥在国内政局、个人和所属部队的地位等问题，也需要和武汉方面协调，双方各有所需，便在郑州举行了会议。

6月8日，汪精卫、徐谦、顾孟余、谭延闿、孙科等武汉党政要员，先期到达郑州。

6月9日，冯玉祥乘坐火车抵达郑州。车站广场上挤满了欢迎的人群，有武汉政府的要员、军事将领，还有许多团体的代表、铁路员工和普通市民。冯玉祥身着棉布衣裤，腰束布带，背挎雨伞，走出车厢，与汪精卫等人一一握手，然后检阅了仪仗队。兴高采烈的人群拥了上来，将政府要员挤到一边，抬起了冯玉祥，送进了轿车。

6月10日，冯玉祥和武汉政府要员，在郑州陇海铁路车站附近的陇海花园举行会议。郑州会议由汪精卫主持，一共开了两天，在"分共"问题上，取得了一致看法，但在"讨蒋"问题上，冯玉祥不同意汉方意见，而是规劝汉方息争，主张宁汉联合继续北伐。最后，会议作出如下决定：

> 党务方面，设立开封政治分会，指导豫、陕、甘三省党务。由冯玉祥任分会主席。
>
> 政治方面，成立豫、陕、甘三省省政府委员会。分别由冯玉祥、于右任、刘郁芬担任主席。
>
> 军事方面，在豫各军统由冯玉祥节制指挥，陇海路以北、京汉路以东之敌，由冯负责肃清；进入河南的武汉北伐军全部撤回武汉整顿，巩固长江方面防务。冯的第二集团军扩大为 7 个方面军。

汪精卫集团为了拉冯"讨蒋"和"分共"，把豫、陕、甘三省的党政军大权都交给了他，武汉北伐军以伤亡 14000 多人的代价换取"中原会师"的胜利成果，完全为冯所独占。结果是冯玉祥得了实惠，促进了武汉走向"分共"和宁汉由对立走向合流。

见面泪沾襟

汪精卫集团拉冯玉祥，蒋介石集团也拉冯玉祥，当蒋介石得知郑州会议的消息后，便连忙打电报给冯，要求与冯会晤。因为他急于了解会议的情况，尤其是冯对南京政府的态度。

冯玉祥对南京政府的态度与武汉方面不同，他不同意宁汉对立，不同意"讨蒋"，他主张宁汉合作，团结北伐。冯玉祥的这种态度，多少也有一些把国民革命进行到底的成分，但主要还是出于个人的利害得失。冯玉祥经过多年摸索加入革命行列。然而，长期形成的军阀纷争思想没有彻底清除，他仍然把国民军看成他私人的军队。他着眼于自己及这支部队的生存和发展，认为国民军地处经济贫瘠地区，粮饷供应困难，并且直接受到奉军的威胁，因此只有打败北洋军阀，取得军事上的胜利，才能改变国民军的境遇和经济条件。

冯玉祥不同意"讨蒋"，还有另一方面原因，那就是在对待群众运动问题上，他和蒋介石有一定的相通之处。蒋介石从广州到武汉，看到工农民众对北伐军的积极支援，也曾说过几句民众的好话，但当工农民众充分发动起来，他又惧怕民众，进而镇压和屠杀民众。冯玉祥也曾讲过"军队是人民的武力"一类的话。

国民军辖区的工农运动也曾有一定发展，可是民众真正发动起来之后，特别是同国民军征兵征粮发生矛盾时，他便产生了不满，当得知共产党员支持农民运动时，他气愤地说："我和你们合作，你们却抗征兵抗征粮！"当然，冯玉祥并没有像蒋介石那样血腥镇压民众，但他对民众运动的抵触与不满，却使他对蒋的所作所为见怪而不怪，对"四一二"政变大肆屠杀革命群众和共产党员，没有任何谴责。

蒋介石对冯玉祥的笼络，也起了不小的作用。冯玉祥和他的国民军，早就引起了蒋介石的注意，1926 年 12 月，他在武汉接见冯的代表时，表示出十分亲近的样子，并恭维地说："国民军纪律的严明和战斗力的坚强，我们久所熟闻。冯总司令的治军、用兵，尤所钦佩。北伐大业得到冯总司令的参加，进行定必更加迅速。将来北方之事，仰赖冯总司令之处很多。希望你们转达我意。请他多多指教。"最后又以关切的语气表示，国民军需要什么，有什么困难需要解决，请随时与邓演达主任接洽办理。冯玉祥听了这些话，自然是喜滋滋、热乎乎，而蒋介石的军饷资助，更使他产生感激之情。

汪精卫等人抵达郑州

不久，蒋介石派彭程万为他的私人代表，驻在冯玉祥那里，做争取冯的工作。彭在冯的面前不断地吹捧蒋介石，什么蒋总司令如何伟大、如何有作为、有魄力、如何有力量、是北伐必不可少的中坚人物等一股脑儿地灌进冯的耳朵里。说一个人的好话或坏话，对听者都会产生一定作用，冯玉祥听了有关蒋介石这么多的好话，再看一看蒋介石统率那么多的北伐军，占领了那么多的地盘，很容易会相信蒋是一个有力量、有作为的人物。在蒋介石背叛革命的面目已开始显露，从江西杀起一直杀向上海之后，冯玉祥在1927年4月10日给徐谦的电报中，竟称颂蒋介石是"革命中坚分子，党国前途，同深利赖"！

冯玉祥为了促成宁汉合一，继续北伐，在接到蒋介石要求会晤的电报后，也同意与其会面，6月14日给蒋发出电报。转达了汉方唐生智的态度："决不与蒋公为难；如与蒋公为难，我辈将自革其命，又何以对革命二字？"先给蒋吃了定心丸。

6月16日，冯玉祥到开封，当天又致电给蒋："弟于早7时安抵开封。专候我兄晤谈剀切，未知大驾现到何处，请即飞电指示。以便早日趋候，而倾渴望。临电神驰，敬候德音。"蒋介石接到此电后，于17日致电南京，请吴稚晖、李石曾、钮永键、李烈钧、蔡元培、黄郛、胡汉民、张静江等即日专车来徐州，共商一切。蒋、冯通过函电联络，确定在徐州会晤。

徐州会议前，蒋介石从冯的代表那里已了解了冯的个性、思想动向和迫切希望等有关情况，为了拉冯为己所用，首先在礼貌上对冯表示恭敬。冯玉祥的专车预定于6月19日抵达徐州，这一天清早，蒋介石就率领李宗仁等在徐州的将领，乘专车西上20多里，到黄口车站迎候冯的到来。

月台上，仪仗队、军乐队整齐排列，枪械、铜管乐器和将校肩章在阳光照射下闪闪发光。欢迎的人们屏息以待，静候良久，才从西方传来火车的汽笛声，接着冯玉祥的专车放着粗气，缓缓驶入车站。一时军乐大作。蒋介石率领欢迎人员整肃衣冠，排立于月台上，向缓缓移动的车厢内窥视，想尽早一睹冯总司令的风采，但是客车车厢内坐的都是冯的文武随员。未见他本人在内。随员们见欢迎人群都伸首向车内窥探，便以手指向后节车，意思是说，冯总司令在后节车内。蒋介石等人迎着徐徐前进的列车向后边走去，只见后节车厢并非客车，而是装运行李货物的"铁皮车"，一个布衣敝履的大汉站在铁皮车门口，向欢迎者招手，这时，人们才知道这位大汉就是冯总司令。

冯玉祥与蒋介石在徐州会议上留影，这是冯蒋的初次会面

列车停了，人们一拥向前，冯玉祥走下车来同人们一一握手，同蒋介石互相拥抱。二人都流下了激动、高兴的眼泪。这是蒋、冯第一次谋面。冯玉祥身着粗质土布军服，腰束布带，足蹬土布鞋，与蒋介石等人的黄呢军装、革履佩剑形成鲜明对照，但冯玉祥对蒋介石的专程迎接却十分满意。他感到蒋介石身为国民革命军总司令，地位甚高，还能如此谦下，如此周到，而见面后蒋的言谈态度，无不使他敬慕，大有相见恨晚之情。

当天，蒋、冯同坐一车，且走且谈，到了徐州。下榻花园饭店。晚上，蒋介石设宴招待冯玉祥，在徐各高级将领出席作陪，席间谈笑风生，颇为融洽。

6月20日，南京国民政府主席胡汉民同吴稚晖、李石曾、蔡元培、张静江、李烈钧等人专车抵达徐州，与冯玉祥会晤。

徐州会议在花园饭店举行。会议在吴稚晖主持下就"清党"和继续北伐问题达成了协议。蒋介石本想拉冯反汪和反共，在会议前一天晚上曾要求冯一致行动，向武汉进兵，被冯婉言拒绝，到正式会议时，蒋就不再提反汪问题了。

会议期间，冯玉祥努力调解宁汉争端，一再强调武汉方面已开始进行反共，国民党不要自相残杀。蒋介石迎合冯玉祥"共同北伐"的主张，以减轻自己军事负担，并用所谓"继续北伐"来换取"清共"，要求冯在军队及其所辖地区"清党"，冯慨然应允。蒋介石为了把冯拉向自己一边，还馈赠五十万硬币给冯犒军。

6月21日会议结束时，蒋冯联名通电，表示要并肩携手，为三民主义而奋斗。同一天，吴稚晖代冯拟了一份致汪精卫、谭廷闿等人的电稿，经冯再三修改后，由冯署名发出。电文中反对工农运动和阶级斗争，敦促汉方对于"分共"问题，速决大计，早日实行；提出宁汉双方"异地面同心，应运力而合作"；主张集合国民党全力，"协力北伐，先定幽燕"。这份电报表明冯玉祥已背叛了三大政策，背离了以国共合作为基础的国民革命的正确轨道。他所串领的国民军参加国民革命不到10个月又回归到军阀营垒，成为国民党新军阀的重要组成部分。

蒋冯谋面和徐州会议加速了第一次国共合作的最后破裂。

1927年6月21日，冯玉祥告别了蒋介石，乘火车离徐西行，22日清晨7时到了开封。

冯玉祥回到河南后，按照徐州会议达成的协议，在自己所辖的地区开始了"清党"。

冯玉祥命令部下写标语、撒传单，攻击和咒骂共产党。

冯玉祥将部队中的共产党员和在地方工作的共产党员都调到了郑州，宴请之后，便宣布说：

"你们到我这里帮了忙，你们要反蒋，我是不能干的，我要和蒋介石合作反张作霖。在我的军队里穿二尺半的不能反蒋，你们要反蒋，愿意到哪里去就去哪里吧！"

冯玉祥送给刘伯坚1000元，科长以上的每人100元，其余每人50元，然后用一个闷罐车皮将这240名共产党员拉到武胜关。后来，这些共产党员大多去了武汉，少数人去了西北。

6月28日，冯玉祥以开封政治分会主席名义，密电豫、陕、甘三省省政府，布置了"清党"措施。以后，又陆续发出文件、电令并多次演讲，反苏、反共、反对阶级斗争，歪曲孙中山的联俄、联共政策，命令各地"严防"和"严惩"共产党。

冯玉祥虽然在他的部队及所辖地区进行了反共"清党"，但在程度上和方式上同蒋介石集团、汪精卫集团有所区别。汪精卫"七一五"政变后，同蒋介石一样，在武汉地区大肆捕杀共产党人和革命群众。冯玉祥则要比他们温和得多，前述刘伯坚等共产党员大都被他"礼送"出境，而苏联顾问鲍罗廷回国途经郑州时，他不但没有按汪精卫的密电予以杀害，而且以礼相待，馈赠礼品，派员一直送到库伦，使鲍罗廷一行平安返回苏联。

昔日在库伦会谈的冯玉祥与鲍罗廷等人

血腥屠杀也好，"礼送"出境也好。1927年春夏之间，蒋介石、冯玉祥和汪精卫，都先后走上了反共之路，以国共合作为基础的大革命被葬送了。

曾经是各革命阶级统一战线的国民党，已蜕变为代表大地主、大资产阶级利益的政党。

曾经的国民革命军和国民军，绝大部分已成为国民党新军阀的部队。

曾经是为国民革命效力的两个总司令，已分别成为两个新军阀集团的首领。

大革命使他们相逢相识。他们相逢相识又埋葬了大革命——蒋介石和冯玉祥20多年的交往就是这样开始的。

二、换谱结拜

这是相见相识的进一步发展。

宁汉相争，都想争得国民党的"正统"。

宁汉之同，冯玉祥的地位、实力，举足轻重。

蒋介石要冯玉祥的支持，冯玉祥果然支持了他。

冯玉祥需要与人合力"北伐"，蒋介石就是可以合作的力量。

于是，他们由相见相识走向了相依相靠。

个人私利的联结，采取了磕头结拜的古老形式。血缘上虽无任何关系，却要像胞兄胞弟一样亲密。

亲兄亲弟反目为仇者，屡见不鲜，这种异姓弟兄能够长久吗？

"中正弟"与"玉祥兄"

1928年2月16日，蒋介石亲自来到开封，与冯玉祥会面，17日，检阅了冯部军队。18日，蒋冯接受老将马福祥的建议，在郑州交换兰谱，"以示同心同德，生死相共之义"。

蒋介石给冯玉祥的帖子写的是：

"安危共仗，甘苦同尝，海枯石烂，生死不渝。敬奉焕章如胞兄惠存。谱弟蒋中正谨订。"

冯玉祥给蒋介石的帖子写的是：

"结置真意，是为主义，碎尸万段，在所不计。敬奉介石如胼惠存。谱兄冯玉祥谨订。"

蒋冯交换兰谱之后，互相拜了四拜。从此就结为生死弟兄。

冯玉祥比蒋介石年长5岁，为盟兄，蒋为盟弟。

"我们既成了无话不说的弟兄，希望大哥有所指教。"蒋介石以盟弟身份谦逊地说道。

"老百姓是我们的主人。老百姓喜欢的事，我们做；老百姓不喜欢的事，

26

我们万不要做。"冯玉祥也以大哥自居，想啥说啥。

"大哥还有什么事没有？"蒋介石依然客气。

1928 年的冯玉祥

"如果我们能实行刚才我说的话，我们就能实行中山先生的三民主义。你若再问我，我就告诉你。我们要与士卒共甘苦。兵不吃，我们不要吃；兵不穿，我们不要穿，你若能实行这些话，我们革命一定成功的。"冯玉祥也依然以兄长口气，直言相告。

"好，我们一定这样做。"蒋介石表示接受、听从。

蒋介石这次亲赴郑州，与冯结拜是在刚刚开过国民党二届四中全会之后，是他在争夺国民党"正统"中取胜、重揽党政军大权之时。与在徐州和冯玉祥第一次见面时的境况，不可同日而语。那时，国民党的"正统"还在武汉方面，他的南京政府正在受到反对和攻击。

蒋介石在与冯结拜的十多天之前，即 1928 年 2 月 2 日至 7 日，他在南京主持召开了国民党二届四中全会。这是国民党"清共"后所召开的第一次中央全会，既是全面背叛孙中山三大政策的一次会议，也是重新加强蒋介石个人权力的一次会议。

蒋介石致开幕词，完全颠倒了黑白。

国民党已背叛了孙中山的新三民主义和三大政策，背叛了国民革命，他却说国民党是孙中山事业的继承者，是国民革命的领导者。

共产党忠实于孙中山的主义和政策，致力于国民革命，他却诬蔑共产党"妨害""破坏"了国民革命和孙中山的主义与政策。

蒋介石在会上呼喊："对于共产党的势力需要有坚定的决心，根本上来铲除消灭。"

蒋介石一手操纵，会议通过了开除中央执监委员中的共产党员和"附逆"

者的党籍等反共决议；推举蒋介石等 5 人为中央执行委员会常务委员；规定国民政府受中央执行委员会指导与监督；规定军事委员会为国民政府最高军政机关，指定蒋介石为主席，节制指挥所有陆海空各军；决定集中力量完成"北伐"。

通过这次会议，蒋介石重新执掌了整个国民党的权柄，得到了他所要得到的东西。

蒋介石非常清楚，他的今日所得，实属来之不易。本来，北伐战争开始之际，他已一手独揽了国民党的党政军财大权。然而，事有变化。在他到了南昌，反对迁都武汉失败之后，他的军事独裁活动和个人权势却受到了抑制和打击。当时的国民党中央还在坚持孙中山的三民主义和三大政策，在共产党人支持下，开展了提高党权运动，于 1927 年 3 月 10 日至 17 日，在汉口召开了二届三中全会。这次会议决议提高党权、限制个人独裁，通过党政军领导体制改革，加强了集体领导，实际上撤销了蒋介石的国民党中央常务委员会主席、军事委员会主席等职务，他兼任的中央组织部长也改由他人代理，大大削弱了他的权力。

蒋介石发动"四一二"反革命政变，在南京另立国民政府之后，国民党中央开除了他的党籍，免去了他的本兼各职，将他置于"总理之叛徒，本党之败类，民众之蟊贼"的地位。

汪精卫集团叛变革命，武汉政府与南京政府在反共问题上已取得了一致，但蒋介石和汪精卫之间，在国民党正统问题上，却又争得不可开交。从这时起到重掌大权，蒋介石整整花费了半年多的时间，凭借手中的军事力量，依靠自己的政治机智和权谋手段，战胜了汪精卫和其他对手，终于如愿以偿，争得了国民党的"正统"，并成了孙中山事业的"继承"人。

蒋介石不会忘记，这半年多争斗中所经历的艰难与曲折，蒋介石更不会忘记，这半年多来冯玉祥对自己的支持。

拉向自己一边

　　历史回溯到 1927 年盛夏，天气炎热，国民党各派系之争也打得火热。

武汉汪精卫集团"七一五"政变之后，企图以反共为条件，同宁方和沪方合流，实现国民党的统一，并保持自己的领袖地位，于是向南京发出呼吁：实现和平，结束对立。

蒋介石的宁方以反共"先进"自居，说汪精卫是勾结共产党的祸首，不能与汪合作。蒋介石有意给汪精卫扣上一顶红帽子，把汪置于被告席上，目的在于将汪排挤出国民党中央，由宁方来继承国民党的正统。

所谓沪方，又称沪派，是国民党中的一些老右派。他们在1925年11月反对孙中山的三大政策，分裂国民党，形成西山会议派，在上海自立了国民党中央。沪派反共比汪精卫和蒋介石都早，自称是反共"先进的先进"，也想以此来争夺国民党的正统地位。可是，他们不掌握一兵一卒，手中没有实力，光凭资格老、反共早，也是无济于事。所以，争夺国民党正统的斗争，主要在宁汉两方之间进行。

争夺国民党正统，就是争夺国民党中央领导权。宁汉双方先是文电往返，互相对骂，罗织罪名，公诸报端。但是，谁也骂不倒谁，文的解决不了问题，接着，就来武的，以兵对兵，汉方任命唐生智为总司令，东征讨蒋，进兵江西；宁方则急调李宗仁所部，布防安徽。双方剑拔弩张，严阵以待，战争大有一触即发之势。

宁汉即将兵戎相见，局势发展到如此地步，冯玉祥十分焦虑不安。不过，冯玉祥所关心的，倒不是什么国民党的正统问题，他自己加入国民党不久，没有资格同别人争夺正统，他根本也不想争什么正统，至于汪精卫和蒋介石，究竟谁应该继承正统，他此时也更无定见。冯玉祥所焦虑的是，宁汉对立势必影响"北伐"张作霖，这将对自己十分不利。因为冯军的地理位置正当奉军攻击的要冲，只有打垮北洋军阀，才能在黄河流域立足，才能有所发展。所以，冯玉祥也是从发展自己出发，把统一国民党的军事力量，共同"北伐"看作是当务之急。为此，他极力居间调停，促使宁汉合作。

1927年7月16日，冯玉祥致电汉方唐生智：

"务请均以大局为念，对于内部意见，均各化除。庶集中革命全力，以先灭奉鲁反动势力，则党国根基，自可巩固，一切问题，均易解决。"

7月20日，冯玉祥又致电宁汉各方，提出如下办法：

统一国民党中央；各方领袖在开封开会，决定谁应下野、谁应继任，再由二届四中全会议决任免；宁汉双方停止军事行动，以江西、安徽为缓冲地带；继续"北伐"。

冯玉祥的努力不见成效，宁汉双方都不同意他所提出的办法。

7月24日，汉方致电冯玉祥，指出：武汉反共是他们自己决定的，并非出于宁方的压力；按照党章规定，召开中央会议应在首都武汉举行；汪与蒋只有"公愤"而无"私怨"，将发兵攻取南京。

7月28日，汪精卫、唐生智又公布了《武汉国民政府宣言》，提出要提高党的权威，统一军政、民政和财政，打破割据局面，消灭地盘思想；抨击蒋介石"个人独裁之结果，使国人知有蒋中正，不知有党"；要求以党治国、依党治军，"使一切军人，皆在党的指导之下"。

很显然，汪精卫等人以国民党"正统"的姿态，要求蒋介石受党权的辖制。蒋介石当然不会受制于汪精卫，他寸步不让，采取了种种措施对抗汉方，其中重要的一项，就是下大力气拉拢冯玉祥：

蒋介石派孔祥熙为联络代表，驻在冯部，以密切与冯的关系；

宁方决定每月拨给冯部200万元军饷；

蒋介石邀请冯及其部下张之江、鹿钟麟等人参加宁方的军事委员会；

蒋介石表示，宁方坚持不与奉方结盟攻冯。

蒋介石的拉拢果然奏效。冯玉祥从蒋介石那里得了官职和军饷，得到了不与奉方结盟的保证，这些都是他及其所部急需得到的东西。蒋介石雪中送炭，冯玉祥对蒋的好感油然而生，在居间调停中倾向了南京一方。

冯玉祥派孙连仲屯兵武胜关，制止汉方唐生智、张发奎所部东征讨蒋；冯玉祥致电汉方发出警告，如果汉方继续东进讨蒋，他将向武汉进军。

冯玉祥倾向宁方，使汉方不敢轻举妄动，对于制止讨蒋起了重要作用。

中共领导的"八一"南昌起义，举起了武装反抗国民党的旗帜，对宁汉双方都是极大的威胁。面对外部的压力，他们在一致反共的前提下，暂时缓和了内部的竞争。

8月3日，汪精卫、谭延闿等联名电冯，表明他们已彻底反共，宁方指责他们"赤化"是错误的，并表示：如果有和平统一的办法，战争可以避免，迁都南京也是可以的。

同一天，宁方胡汉民、吴稚晖等也联名电冯，表示应放弃竞争，一致"北伐"，其具体办法尚可商量。

冯玉祥看到宁汉有接近的趋向，便向双方建议，召开国民党二届四中全会，以结束竞争。8月6日，又致电蒋介石："宁汉双方一致反共，既已志同道合，请速进行合作。"可是，汉方坚持以蒋介石下野为宁汉合作的主要条件，宁方蒋介石等也坚持反汪反唐，双方一时还难以合作。

蒋介石在这一回合的斗争中，与汪精卫打个平手，未见胜负。可是，他的最大收获是把冯玉祥拉向了自己一边，从这一点来看，他比汪精卫要高出一筹。当然，在接下来的争斗中，他还有许多高招儿。

辞职与结婚

1927年8月13日，蒋介石突然宣告下野，辞去国民革命军总司令职务，离开南京去上海，14日在沪发表辞职宣言，同日回到了老家浙江奉化县溪口。

蒋介石在政治舞台上惨淡经营近20年，已跻身于国民党最高领导层的行列，并握有较强的军事实力和控制着长江下游及东南沿海广大富庶地区。一个野心勃勃、视权如命的人，一夜之间，就自动丢掉这一切，甘心下野，遁迹乡里，着实令人费解。其实，这是蒋介石玩弄的以退为进的手法，在形势不利时暂避锋芒，时机成熟时便东山再起、攫取更大权力。

1927年夏秋之间，

蒋介石第一次下野前与黄埔军校学生合影

形势对蒋介石十分不利：

武汉方面的汪精卫、唐生智等坚持"倒蒋"，把蒋介石下台作为宁汉合作的先决条件；

南京方面的桂系李宗仁、白崇禧等与蒋貌合神离，极力排蒋；甚至蒋的亲信何应钦也想取蒋而代之；

蒋介石亲自指挥的津浦线上的战事打了败仗，徐州失守，蒋逃回南京，张宗昌和孙传芳的部队直逼长江，使蒋的威信受损，处境尴尬。

蒋介石也看出这种形势于己十分不利，如果再恋战不走，将会成为众矢之的，即使宁汉合作，自己也不可能独揽权柄；不如暂时隐退，避开攻击锋芒，在宁汉争吵中作局外观，待各派闹得不可开交之时，再以公正面目出现，收拾残局，夺取更大权力。

蒋介石下野，武汉方面失去了攻击的主要目标，而南京方面蒋派势力也大为削弱，实权落到了桂系手中，桂系又早有联汉攻奉之意。这样，便促进了宁汉合流。8月19日，武汉方面宣布"即日迁都南京"，随后，谭延闿、孙科、汪精卫、陈公博等先后到达南京。9月16日，宁、汉、沪三方组成了国民党中央特别委员会，行使中央职权，宣布以前对峙之宁、汉、沪三个中央党部不再行使职权，实现了国民党的"统一"。但特委会的大权落在了桂系和西山会议派手中，汪精卫未得到实权，便重回武汉，与唐生智结合，于9月21日成立了武汉政治分会，统辖两湖和江西，反对特委会。这样，宁汉刚刚合作，又变成新的宁汉对立。到10月下旬，更演变成宁汉双方的李宗仁与唐生智之战，结果唐军战败，放弃武汉，撤往湘南，唐本人也通电下野，桂系势力扩展到武汉地区。

一波未平一波又起，宁汉再次分裂，宁粤又对立起来。9月底，张发奎率部回到广州，打出"拥汪护党"的旗号，反对南京特委会。此时，在广东的李济深手握兵权，为了利用汪精卫的影响来加强自己的地位，也通电迎汪回粤。于是，10月底，汪精卫到达广州，同李济深、陈公博等在粤中央执监委员联合起来，决定在广州另立国民党中央。

这样，蒋介石下台才两个多月，国民党各派系间的争斗就闹得不可开交了，而蒋介石则静观事态的发展，并趁此时机去了一趟日本。

1927年9月23日，蒋介石离开老家溪口到了上海，28日离沪东渡，30日抵达日本长崎。10月4日，在神户拜见了宋子文的母亲，敲定了与宋美龄的婚约。

10月13日，蒋介石到达东京。在东京期间，蒋介石拜见了日本军国主义团体黑龙会的首领头山满，拜访了日本军政官员和社会名流，并先后同日本首相、陆军大臣、参谋总长等进行了密谈，寻求日本的支持。

1927年11月10日，蒋介石踌躇满志地从日本回到了上海。

陈果夫

蒋介石回到上海的当天，就给汪精卫发了一封电报，请汪离粤赴沪，讨论党政统一问题。第二天，汪精卫在广州发表演说，表示愿意同蒋介石合作。

3个月前，蒋汪还是势不两立的对头，现在又变成了合作共处的朋友，表面看来似乎不可思议，仔细观察却会一目了然。他们虽然都口口声声说是为了"党国"，为了"革命"，骨子里都是为了个人私利。出于个人私利的需要，说分就分，说合就合。3个月前，蒋汪都是各自争权的主要对手，因而形同水火。如今，蒋介石感到南京特委会成了他夺取中央大权的第一个障碍。因为特委会的实权掌握在西山会议派和桂系手里，前者大都是比他资历深的国民党元老，后者又拥有较强的军事实力。所以，为了搞垮特委会，他有必要联合特委会的反对者，而环顾国内，汪精卫正在广东同特委会闹对立。汪精卫为了反对特委会，也想借助蒋介石的力量。二人各有所需，一拍即合。

南京方面见势不妙，深恐蒋汪联合共同对付他们，便极力拉拢蒋介石，建议宁、粤、蒋3方在上海举行国民党二届四中全会筹备会，得到各方赞同。

11月16日，汪精卫硬拉着李济深一同离粤，参加二届四中全会筹备会。17日，他们乘坐的轮船正在赴沪途中，拥汪的张发奎部发动政变，向驻粤桂军黄绍竑部发起攻击，迫使桂军退回广西，削弱了李济深在广东的实力。

18 日，李济深抵沪得知这一消息后，才知道与汪同行是中了调虎离山之计，异常愤怒。反汪派抓住这一事件大做文章，说这是汪精卫联合共产党发动的武装政变。

这种混乱局面，对蒋介石百利而无一害，他持超然态度，任其乱下去，他要寻机把西山会议派那帮元老搞掉。

11 月 22 日，南京举行"庆祝讨唐胜利大会"。会后游行，当队伍走到复成桥时，突然枪声大作，死 4 人，伤 20 余人，肇事者逃之夭夭。事后，各地发起声讨"一一·二二"惨案运动，指控惨案的制造者是江苏省党部常委、西山会议派分子葛建时，要求惩办凶手。西山会议派成为众矢之的，忙于应付各方控告，弄得声名狼藉，气势一落千丈，在国民党内失去了发言权。

其实，这一惨案的策划者是陈果夫，陈果夫背后的指使者就是蒋介石。蒋介石踢开了西山会议派这块绊脚石，搞垮特委会有了把握，下一步，该结婚了。

1927 年 12 月 1 日，蒋介石与宋美龄在上海举行了婚礼。新郎年满 40，新娘芳龄 30，两人的婚礼先在宋家按基督教仪式举行，之后又在大华饭店按中国传统举行。

第二天，上海的报纸报道：

"这是近年来的一次辉煌盛举，也是中国人的一个显赫的结婚典礼……"

"昨天下午举行婚礼时，大华饭店的舞厅里足足有 1300 人……"

"上海以及其他地区的中外知名人士在这里济济一堂。"

"步入装饰华丽的舞厅时，人们立刻就被那很

蒋介石与宋美龄 1927 年的婚纱照

有气派的满堂花卉迷住了……"

"在大华饭店内外，布置了一大批中外侦探。这些侦探严密地监视着周围动静，谨防出现任何乱子。"

结婚的当天，蒋介石在报上发表了《我们的今日》一文，写道：

> 我今天和最敬爱的宋女士结婚，是有生以来最光荣、最愉快的事。我们结婚以后，革命事业必定更有进步，从今可以安心担当革命的大任……我们的结婚，可以给中国旧社会以影响，同时又给新社会以贡献。

蒋介石把他们的结合赋予了政治意义，不过，它的政治意义并不是蒋介石说的这些，而是他个人的一种政治需求。宋氏全家信奉基督教，并且亲美，在美国教会中有较大影响和广泛联系，蒋介石欲取得美、英的支持，需要借助宋氏家族与美国教会的这种关系。同时，宋美龄的大姐、二姐先后为孙中山的秘书，二姐又是孙中山的夫人，宋氏家族的一些成员都是政治舞台上的风云人物，蒋介石与宋家结亲，也会随之

20世纪20年代的宋氏三姐妹

提高自己的政治地位。总之，无论是为将来取得美、英支持打算，还是为眼下争夺权势着想，蒋介石都有必要同宋美龄结合，难怪有人将他们的结合称为"政治结婚"。

赶跑了一个，气走了一个

蒋介石新婚的第三天，即 12 月 3 日，国民党二届四中全会筹备会在上海蒋介石的新居召开了。宁、粤和西山会议派两个方面的中央执监委员30 多人，在一起开了 10 天会，整整争执吵闹了 10 天。由于蒋介石制造了"一一·二二"惨案，剥夺了西山会议派在会上的发言权，所以会议的争吵主要在汪派与反汪派之间展开。

桂系所控制的宁方和李济深揪住张发奎发动广州事变一事不放，一顶"联合共产党"的红帽子扣在了汪精卫头上，提出了一项"粤委员附逆者应当退席听审案"。蒋介石为了拉拢汪精卫搞垮特委会并支持自己复职，貌似公允，实际上却偏袒汪精卫一方。汪精卫为摆脱被动、孤立的地位，抢先在12 月 10 日提出请蒋复职："准有请预备会即日催促蒋介石同志继续执行国民革命军总司令职权，才是解决党务、政务、军事问题的当务之急。"李宗仁针对汪精卫此举，也急忙向报界发表声明，攻击汪精卫拥蒋反蒋反复无常，表明自己是一贯拥蒋的。这时，冯玉祥、阎锡山联名请蒋复职的电报也到了上海。于是，会议通过了蒋介石复职的决议，并公推蒋介石负责召集国民党二届四中全会。

在这次会议结束的前一天，12 月 11 日，张发奎第四军的教导团和警卫团参加了共产党领导的广州起义。消息传到上海，李济深、李宗仁、吴稚晖等抓住这一事件，仍然用扣红帽子的办法攻击汪精卫，说广州起义是汪精卫和共产党合演的双簧，张发奎等是共产党等。汪精卫为了摆脱困境，再次高喊反共反苏的口号，张发奎的第四军主力开回广州后，也大肆捕杀共产党人、革命群众和苏联领事馆的外交人员。但是，反汪派并不因此而放松攻击，一口咬定汪精卫就是共产党，第四军杀共产党是汪定的苦肉计。白崇禧更设法企图秘密杀害汪精卫。

蒋介石复职已成定局，即将召开的二届四中全会将使他获得更大的权力，此时已没有联合汪精卫的必要了，更不希望汪与他分享权力，所以，蒋介石乘汪精卫被攻击之机，又开始驱汪，以十分"关切"的态度"劝告"汪精卫，为了安全应该暂离上海。一时难以摘掉的红帽子，白崇禧的暗杀威胁，再加上蒋介石的"好意"相劝，使汪精卫已无法立足了，被迫于 12 月 16 日秘密离沪，跑到法国去了。

汪精卫虽然走了，但胡汉民等还是抓住汪派的粤方中央委员不放，继续攻击，目的在于将他们排挤出即将召开的二届四中全会。蒋介石感到，胡汉民的企图得逞，胡派将在中央取得重要地位，对自己是一威胁；汪精卫已出走，汪派其他人已无力与自己相争，如果拉住汪派，既可使二届四中全会凑足法定人数得以开成，又能给自己即将建立的国民党中央装饰门面。因此，在胡、汪两派争斗中，蒋介石极力袒护汪派。蒋介石的态度，使胡派十分气恼，认为无法与蒋合作，遂宣称不参加二届四中全会。1928 年 1 月 25 日，胡汉民、孙科等以考察为名离沪出国了。

1928 年 1 月 4 日，蒋介石在一片请蒋复职的声浪中重任国民革命军总司令。两天后，又取消了特委会机构。蒋介石已扫除了夺取最高权力的所有障碍，接着，就在他主持的国民党二届四中全会上重掌权柄。

"唯盼吾兄东山再起"

"唯盼吾兄东山再起"，是蒋介石下野后，冯玉祥在请蒋复职电文中的一句话，表明了对蒋的企盼与支持。实际上，早在"四一二"政变以后，冯玉祥就反对"讨蒋"，对国民军中主张反蒋的人员说："你要倒蒋，你倒你的去，我们还不到时候。"客观上庇护了蒋介石。

接着，在蒋介石与汪精卫争夺国民党"正统"的斗争中，如前所述，冯玉祥又偏向了蒋介石一边。

蒋介石突然宣布下野，冯玉祥感到莫名惊骇，抱怨宁汉双方说：

"北伐吃紧之时，乃党国要人不以国家民众为前提，精诚团结，一致对外，顾斤斤焉，而操同室之戈，徒使敌人张目，能不令人失望耶！"

冯玉祥致电蒋介石"我兄一身，系党国安危，为民众之救主""如我兄不顾一切，必欲退休，忍将革命垂成之事业，付诸东流……则弟既承素志，出于无可奈何，自揣智力，不逮吾兄万一，亦唯有一同退隐。""务请不日还宁，主持大计。"

宁汉相争，蒋介石下野，给张作霖提供了反攻的好机会。于是，张作霖支持张宗昌沿陇海路攻打冯军，支持孙传芳反攻南京。此时，国民党势力一落千丈，面对北洋军阀的反攻，处境困难。在此情况下，冯玉祥认为"非蒋复职，无以唤起军心，北伐更谈不到"。9月25日，再次请蒋复职。

11月18日，冯玉祥分别致电熊斌、孔祥熙，转请他们求蒋尽早出山。电文说："军事问题，乃目前生死关头，亟盼速有统一办法，并无余暇时间，可以稍延也……津浦何总指挥所部，闻攻临淮、凤阳，得而复失……连兵数十万，战线四五千里，对于军令上不统一，势如一盘散沙，何以为战？故我所盼者，蒋公克日出山。诚以中枢军事，须有才望如蒋公者主持其间，则全局呼应，处处皆灵，而不致为敌人各个击破也。现敌人新得外国军械，竭力扩充军备，我等迟一日北伐，敌人即增一分兵力。"

这时，冯玉祥从孔祥熙那里得知，蒋如出山，不但在战斗上减轻了冯军的负担，而且冯军在饷弹方面也会得到补充。冯玉祥此时驻扎郑州，北有张

作霖由直隶向南进攻，东有张宗昌由山东向西进攻，感到军事压力很大，听了孔祥熙的说法，就更增加了请蒋复职的积极性。

12月1日，冯玉祥再次直接电蒋，电文说：

"为今之计，唯盼吾兄东山再起，主持一切，各方军事有统一办法；否则行见我革命军之战线，将逐次为敌军各个击破耳！全局败坏，谁负其责？紧急之时，似未可拘牵常势也。祈吾兄审查经权，以慰各方之望，毋任切祷。"

1927年的阎锡山

12月2日，冯玉祥又致电阎锡山，

请其一致拥蒋复职，电文说：

"拟约吾弟，一致推蒋介石同志复出，我辈听其指挥……"

阎锡山原属北洋系统的山西军阀，北伐战争期间归附国民政府，被任命为第三集团军总司令，蒋介石建立南京政府后，又委任他为北方国民革命军总司令，1927 年 6 月 3 日宣誓就职，成为国民党新军阀的重要成员。阎锡山在奉军的攻击下，军事上和经济上都难以支持，所以，也赞同冯的意见。

1927 年 12 月 11 日，冯、阎联名致电蒋介石，请其复职：

"甚盼我兄克日出山，主持军政，俾得早日完成革命大业。倘能得知所请，弟等负弩前驱，愿听指挥。不唯弟等私愿得遂，大局实利赖之。"

同日，冯、阎又联名致电国民党中央和国民政府，电文说：

"玉祥等为完成革命军事工作起见，拟请我中央党部，国民政府，起用蒋中正同志主持军政，玉祥等愿听指挥；俾得早奏佳音，完成革命，以慰全国民众之望，不胜等命之至。"这时，国民党二届四中全会筹备会已接近尾声，汪精卫和李宗仁出于个人利害均表示拥蒋复职，冯、阎这两份电报一发，蒋介石复职已成定局，何应钦等人也不得不通电响应，于是，筹备会以议决蒋介石复职并主持二届四中全会而宣告结束。

重新执掌权柄的蒋介石

冯玉祥为蒋介石重掌大权出了大力，蒋介石在感激之中也看到了冯玉祥可用，又考虑到北伐奉张时还要借助冯的军事力量，因此，开过二届四中全会不久，蒋介石就屈驾前往郑州，与冯表示友好、亲近，提出要磕头结拜。冯玉祥拥蒋复职的主要目的是使国民党各部队统一"北伐"，以减轻所部的军事压力，改善处境，增强力量，提高地位。如今，蒋介石大权在手，地位显赫，既是"北伐"的关键人物，又是可以依靠的对象，因此，冯玉祥也就毫不犹豫地接受了换谱的建议。

各自利害的需求，这是蒋冯结拜的缘起与基础。

各自的利害共寓于继续"北伐"，奉张不倒，他们依然是生死弟兄。

联手"北伐"

1928 年 3 月 7 日，蒋介石由国民党中央推举为中央政治会议主席，并决定了四个政治分会主席：

广州政治分会主席李济深；

武汉政治分会主席李宗仁；

开封政治分会主席冯玉祥；

太原政治分会主席阎锡山。

同时，又任命李济深为国民革命军总参谋长，未到任前由何应钦代行，蒋介石兼任第一集团军总司令，冯玉祥为第二集团军总司令，阎锡山为第三集团军总司令，5 月 25 日，又任命李宗仁为第四集团军总司令。

国民党新军阀蒋、冯、阎、桂四大派，实现了军事编制的统一，依据国民党二届四中全会的决定，即将继续"北伐"。这次"北伐"，是蒋冯结拜后的第一次军事合作，也是四大派的第一次联合行动，然而，不论前者还是后者，也都是最后一次。旗帜，依然是"北伐"，对象，依然是北洋军阀，可是，它已失去了大革命时期的进步意义，是一场新旧军阀之间争夺地盘与权力的斗争。这次"北伐"，由蒋介石统筹全局，对各集团军的任务，作了如下部署：

第一集团军沿津浦路北进，循泰安、济南、沧州，直取天津；

第二集团军在京汉路以东、津浦路以西地作战，自新乡向彰德、大名、顺德一带北上，右与第一集团军，左与第三、第四集团军联系，会攻京津；

第三集团军沿京绥线及京汉线以西地区前进，同各集团军会师京津；

第四集团军循京汉路，经郑州、新乡向正定、望都一带集中，为第三集团军的后援，直捣保定和北京。

1928 年 3 月底，蒋介石亲赴徐州主持全面军事，这次"北伐"总司令部

就设在这里。冯玉祥则移驻开封督师。

"北伐"的对手是北洋军阀的"安国军"。第一次国共合作的北伐战争中，北洋军阀中的吴佩孚、孙传芳的主力被消灭，唯有张作霖的奉军还保有较强的实力。孙传芳兵败走投无路，便率残部投靠张作霖。1926年11月，张作霖与孙传芳和山东督军张宗昌在天津举行会议，决定由奉军、张宗昌的鲁军和孙传芳所部共同组成"安国军"，以张作霖为总司令，张宗昌、孙传芳为副司令。1927年6月18日，张作霖在北京又成立了所谓"安国军政府"，自任大元帅，成为北洋军阀统治时期的"末代皇帝"。

北伐时期的冯玉祥

国民党新军阀"北伐"的全部兵力约70万人，此时，"安国军"的全部兵力约40万人。1928年4月10日，国民党"北伐"军下达全线总攻击令。

蒋介石第一集团军在津浦线上的对手，是张宗昌的鲁军。由于鲁军以前在河南与冯军作战时，精锐部队基本上被冯军歼灭，元气大伤，士气低落，因此，与蒋军作战只一天多时间，就在4月12日全线撤退，使蒋军轻易取胜，沿津浦路追击前进。

冯玉祥第二集团军孙良诚部，在鲁西南一带与孙传芳对阵。孙传芳素称"治军有方"，所部兵力9万多人，作战勇猛，孙良诚也是冯军有名的骁将。所以，二孙的部队接火后，就打得非常激烈。

孙传芳一方面同孙良诚激战，另一方面还要配合张宗昌作战。他不知道张宗昌部已经撤退，便按原计划，从鲁西侧击蒋军，连破蒋军阵地，攻克丰县、沛县，直逼徐州。孙传芳此举虽未起到与张宗昌配合的作用，但却给蒋军以直接威胁。徐州危机，蒋介石连续致电冯玉祥告急，请冯速派预备部队支援。冯令石友三率全部预备部队1.5万人火速增援。石友三也

二、换谱结拜

41

冯玉祥与方振武合影

是冯部的一员骁将，出其不意地发动猛攻，迫使孙传芳后撤，解救了徐州之危。孙传芳后撤的部队又遭到孙良诚的攻击，急忙退却。孙良诚、石友三等乘胜追歼，消灭了孙传芳大部分有生力量，第一集团军的危机得以解除。

冯军孙良诚、石友三、马鸿逵等部和蒋军方振武部，在山东境内接连取胜，冯军于4月18日占兖州，21日克济宁，22日蒋、冯军在泰安会师。30日晚和5月1日晨，张宗昌和孙传芳先后逃离济南北撤。5月1日上午10时，蒋军进占济南。

冯军在京汉路方面的对手是奉军的主力部队。此次"北伐"采取了"声西击东"的策略，冯玉祥在京汉路方面命令所部白天浩浩荡荡北进，故意暴露给奉方，而夜间又令部队悄悄南撤。奉方果然中计，以为"北伐"军主攻兵力在京汉路方面的西线，便将奉军主力集结在西线，而东线津浦路方面，只以张宗昌和孙传芳残部进行抵御。这样，奉军在西线与冯军展开了连续不断的激烈战斗。冯军为了抵御奉军，急调部队北上，加强彰德防线。当战况紧急时，冯急电武汉，由李宗仁派兵到河南接防，将驻豫的韩复榘部火速调至直隶前线。奉军集中兵力猛攻彰德，飞机大炮，狂轰滥炸。冯军据壕死守，并奋勇冲杀。韩复榘部有3个师长、2个旅长受伤，韩本人也受了伤。到4月28日，东线张宗昌和孙传芳败退，对西线奉军产生不利影响，冯军即由彰德方面发动反攻，奉军凭借优势装备节节抵抗。5月1日夜间，奉军因东线济南失守，唯恐后路被截断，开始全线退却。冯军全线追击，5月3日攻克顺德，5日进占大名。

阎锡山的第三集团军，也于4月20日冲击娘子关，向石家庄进攻。

5月1日夜，蒋介石率总司令部到达济南，在旧督署设立了总部。

患难与共，接力捣幽燕

当蒋介石进入济南时，曾接连致电冯玉祥，邀他到济南商谈军政要事。

冯玉祥把部队进行了一番调度和部署之后，即从河南前线乘车赴约，但行抵徐州后，却又接到蒋的电报："济南有事，请暂中止前来。"

冯玉祥不知出了何事，心里纳闷。他揣摩着：如果发生兵变，蒋不会还有给他来电的余暇，可能另有什么危险的事情。他感到，如果真是这样，理应患难与共，那就更不能半途而返了。冯玉祥对他的盟弟一片赤诚，乘车离徐继续前往，到达泰安打电话询问，才得知在济南与日军发生了冲突。

国民党军的"北伐"受到了日本帝国主义的干涉。日本眼见它所支持的奉鲁军阀已濒于崩溃，便调遣大批军队到胶济路一带，以阻止国民党军北进。

1928 年 5 月 2 日上午，日军第六师团 3000 人开入了济南城。面对日军明目张胆的挑衅行为，蒋介石未作任何防范，完全丧失了警惕，而且向日方保证国民党军与日军和平相处，只是请求日军拆除阻碍交通的工事。日军为了麻痹蒋介石，答应了他的要求，拆除了障碍物，并撤去了哨兵，表示愿与国民党军友好。蒋介石信以为真，认为可以与日军相安无事。

5 月 3 日上午，日军突然向国民党第四十军第三师的两个营发动攻击。当时，蒋军营长均去师部开会，无人指挥，一个营被消灭，另一个营也损失惨重。四十军第九十二师因是济南卫戍部队，奋起反击日军，九十三师也投入战斗，一下子压倒了日军的嚣张气焰。日军师团长福田立即派佐佐木去见蒋介石，逼迫蒋下令停火，威胁道："如不停火，中日将全面开战。"蒋介石立即派出 10 个参谋，打着白旗，到各部队传令停战。

蒋介石派外交部长黄郛到日军司令部交涉，日军参谋长向黄郛提出，蒋军仍有部队在抵抗，必须立即停止，并一律退出日军警戒区。蒋介石按照日军要求，严令蒋军不许还击。

蒋军停止抵抗，日军就开始对中国军民大屠杀。日军将商埠区的蒋军全部缴械，占领了黄郛设在津浦路局的办公处，缴了黄郛卫士的枪械，黄本人

济南惨案中被日军残杀的蔡公时

也被扣押了 18 个小时。日军又公然破坏外交惯例，将国民党战地政务委员会外交处主任兼山东交涉员蔡公时及 16 名随员，捆绑起来毒打。蔡因向日军提出抗议，被割去耳鼻舌，挖去双眼，蔡及随员共 17 人惨遭杀害。日军为炸毁济南电台，连同邮电局里的职工一起轰击。中国军民，无论在哪里被日军碰上，立即遭到杀害。在这次济南惨案中，日军共杀害中国军民 3256 人，震惊中外。

日军在济南城内大肆屠杀的同时，又继续增兵并炮轰济南。面对日本侵略者的屠杀和进攻，蒋介石屈辱退让，5 月 5 日下令，除留两团卫戍部队在济南外，其余国民党军一律撤出，取消一切反日运动，禁贴反日标语。8 日上午，日军重炮轰击济南城，迫令两团守军退出，下午，蒋介石下达撤退命令，但济南已被日军围住，命令送不进城内，两团守军既不敢还击，也不能撤退，只能束手待毙。10 日，两团守军才奉命突围，但遭到日军截杀，死伤惨重。11 日，日军占领济南，继续捕人、杀人，城内居民再遭浩劫。日军占领济南近 10 个月，1929 年 2 月 28 日与南京政府达成山东撤兵协定后，才从济南撤出。

1928 年 5 月 5 日，蒋介石下达从济南撤军命令，他本人也仓皇逃出了济南城，慌乱中连外衣也未来得及穿。5 月 6 日，蒋介石与黄郛乘马绕道逃到党家庄车站，国民党军总司令部也转移到这里。

冯玉祥知道了真实情况，越发觉得非去不可，他的左右一再劝他暂不前去，蒋介石也接连打电话阻止，认为党家庄离济南太近，恐遭不测之祸，可是，他都没有听从，而仍然决意前往，5 月 6 日，到达了党家庄。

当天上午，蒋冯在党家庄车站的一座清真寺内举行会议，参加者还有黄郛、王正廷、杨杰、杨永泰、蒋作宾等人。会上，蒋介石提出停止"北伐"，与奉张划江而治，分"南北朝"。与会者多数人都反对这一主张，而冯玉祥是反对放弃"北伐"的最激烈者。蒋介石被迫放弃原来主张，提出避开济南日军，绕道"北伐"。蒋介石向冯玉祥征询处理济南事件的意见，冯玉祥表示，以军人的身份和立场说，应该拼命反击，把济南日军消灭掉，至于为避免军事冲突，以外交方式解决，那是策士或外交家的主张，他不能提这样的主张。黄郛认为，现在无力与日本开战，实际上不同意冯的主张。会议结果，决定济南事件以外交方式解决，绕开济南，继续"北伐"。

会后，蒋介石去了徐州，5月10日，南京政府要员赶到兖州，蒋介石也来到这里，举行了一次重要会议，商讨内外政策。

关于日本武装干涉，与会的要员们都主张继续妥协，满足日军要求，以避免军事冲突，同时吁请国联和西方各国主持"公道"，出面调停。关于"北伐"问题，蒋介石开始仍主张退回南京，与奉张划江而治，但多数人坚持继续"北伐"，认为事关南京政府的生存，不能放弃，最后，蒋介石也表示赞同。

济南惨案发生后，蒋介石得了"恐日症"，不想留在前线指挥，党家庄会议时就决定由冯玉祥接替他的指挥权，兖州会议后，他就以"病"为由回到徐州，不再北上了。

蒋介石济南遇险，落魄党家庄，冯玉祥不顾安危，与蒋共患难，盟兄对盟弟的"生死相共之义"，由此可见。蒋介石有感于冯玉祥的真诚而对其产生信赖，同时，将指挥权移交给冯还有他个人的算盘：国民党进入直隶，尤其京津一带，将会同日本发生更大矛盾，把冯推上第一线，他自己可以避免对日军的直接冲突；奉军有战斗力的主力在京汉线上，需要冯军及桂军与之作战，把指挥权给冯，冯会更积极地为"北伐"卖力。

冯玉祥在党家庄会商的第二天，就返回了河南，从开封到新乡转道口。冯玉祥对于能够继续"北伐"，感到欣慰，但对日军制造的惨案，却十分难过。冯

投身军旅的冯玉祥

45

玉祥虽然成为国民党新军阀中的一员，可是，他早年就已形成的朴素爱国思想，今日犹存，在这方面，他与蒋介石迥然不同。他在道口集合部下官兵，详细地介绍了济南惨案的经过，并作了一首《五三国耻歌》，印发给部队学唱，教育官兵不忘国耻，增强爱国心。

冯玉祥从蒋介石那里接过指挥"北伐"的接力棒后，5月21日又与蒋介石、白崇禧等在郑州会商了一次军事问题，决定按原来部署，各集团军分路前进，直捣幽燕。

冯玉祥返回道口后，督师前进，第二集团军连克雄县、高阳和河间等地。

6月6日，韩复榘部进抵南苑，抢先到达北京地区。白崇禧返回武汉后，率第四集团军部分主力进抵新乡，接着继续北上，5月31日克复保定后，向北京地区挺进，6月8日抵达长辛店。第三集团军于6月1日占领宣化等地，向怀来挺进，6月8日也赶到北京城下。在此期间，第一集团军一部和第二集团军一部，进抵天津附近。

国民党军迅速北进，张作霖见大势已去，"安国军政府"难保，6月2日发表出关通电，6月3日晚悄然离京，逃回东北，6月4日在沈阳附近的皇姑屯被日本关东军炸死。至此，北洋军阀统治时期的"末代王朝"和"末代皇帝"烟消云灭，长达16年之久的北洋军阀统治，宣告结束。关内奉军在张学良、杨宇霆率领下，陆续向关外撤退。

南京政府与奉方协议，并取得外交使团同意，南京政府以和平方式接收京律：奉军退出关内，撤退时，国民党军不进行追击，撤退未完成前国民党军不进入北京；奉军撤出后，北京成立以王士珍为首的临时维持会，以维持城内秩序，待国民党军正式接收后即行解散；奉军留下鲍毓麟旅维持北京治安，待国民党军入城后即行撤退，国民党方面保证该旅的安全。

南京政府即将接收京津，"北伐"大业即将完成，国民党新军阀蒋、冯、阎、桂四派的团结局面也将随之改变，那么，蒋介石和冯玉祥这对结拜兄弟还能"同心同德"吗？

三、裂痕

张作霖倒了，共同目标没了，他们的合作也就结束了。

蒋介石以国民党的名义作了全国王，巩固自己必须抑制他人，对他的盟兄也不客气了。

冯玉祥以最大的代价完成了"北伐"，希望得到的东西却没有得到，对兄弟的热情也消失了。

以前，个人私利的相互需求，产生了临时团结。现在，个人私利的相互碰撞，团结变换成裂痕。这，可能也是一条规律吧。

秘密交易

1928 年 6 月 4 日，以王士珍为首的北京临时维持会成立了，这是根据南京政府与奉方的协议成立的。

同一天，阎锡山被任命为京津卫戍司令，这是南京政府正式任命的。

6 月 8 日，阎锡山在保定就职，阎军商震、张荫梧部开进北京，第二天，正式接管北京城防，北京临时维持会撤销。6 月 11 日，阎锡山在白崇禧陪同下到达北京，在当年段祺瑞执政府旧址——铁狮子胡同设立了卫戍司令部，12 日，经南京政府批准，任命张荫梧为北京警备司令、傅作义为天津警备司令。

6 月 15 日，南京政府发表宣言，宣布"中国之统一，因全国人民奋斗与牺牲，正告完成""此实结束军政，开始训政之时也"。6 月 20 日，南京政府改直隶省为河北省，改北京为北平，并设立了北平政治分会。

国民党四大军事集团的联合"北伐"基本结束，河北省和平津地区成了阎家的天下。

本来，冯、阎、桂三派都认为占领京津有利于自己实力的发展，所以都积极北进，力争捷足先登，先入为主。就在他们努力争抢之时，蒋介石和阎锡山进行了一场秘密交易。

1928 年 5 月 30 日，蒋介石亲赴石家庄，与阎锡山会晤。他们在会谈时，有一个共同感觉：冯玉祥的军事力量过于强大，这对他们是一种威胁。

阎锡山争夺直隶和京津的主要对手是冯玉祥，因为桂军出兵较晚，投入兵力又少，无力同他竞争，而冯军则是与奉军作战的主力，北上速度又快，对他是最大最直接的威胁，他自然想抑制冯的力量，当他与蒋谈到冯的时候，说道："请你翻开历史看看，哪个人没吃过他的亏？"

蒋介石眼见"北伐"胜利已成定局，借助冯的力量对付奉军的必要性已不存在了，尤其是他要统治全国，

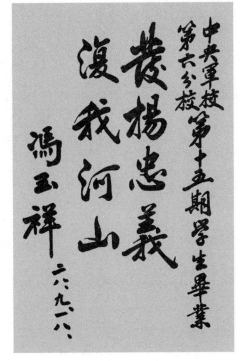

冯玉祥手迹

感到冯的势力发展过快，将来难以控制，听了阎的那句话，回顾一下冯的"倒戈"史，越发觉得冯是威胁，不可靠。

蒋、阎所见略同，便背着冯玉祥、李宗仁等达成了一笔政治交易：蒋同意把直隶和京津的军政大权给阎；阎支持蒋的"统一"领导。

6 月 2 日，蒋介石又到达新乡与冯玉祥会面，对于直隶和京津地盘的分配，先不表明自己的态度，而是征求冯的意见。冯玉祥内心里希望得到直隶和京津，但又想塑造不屑争权夺利的形象，故未直截了当地说出自己的真实意图，而表示一切以蒋的意旨为意旨，以示对蒋的尊重，同时，他还天真地认为蒋绝不会亏待自己。蒋介石对冯的这种表示求之不得，便趁势说出了把直隶和京津交阎的主张，并以"公允"的态度，"关心"的口吻，表明了理由：

"第二集团军拥有鲁、豫、陕、甘、宁、青六省，已不算少了，第三集团军才不过冀、晋、察、绥四省，也并不算多；况且京津两地外交关系复杂，不易应付，万一发生意外，难保不造成第二个济南惨案，大哥性情刚直，不适宜和外国人打交道，就交给阎锡山去应付吧。"

冯玉祥听后大失所望，尽管心里不愉快，但有言在先，嘴上又不便表示异议，只好心口不一地表白了两句：

"只要军阀国贼铲除干净了，我就十分满足了。别的事情，怎么办都可以，还是请你酌定吧。"

直隶和京津地区的归属问题，就这样决定下来。

蒋介石走后，冯玉祥在新乡对部队讲话时，提出了"地盘要小，军队要少，工作要好"的口号。话说得漂亮，当然是一种自我标榜，话中带有牢骚，发泄出对蒋阎的一种不满。

冯玉祥不甘心，他认为，自古以来攻城略地都是"先入关者为王"，虽然蒋已任命阎锡山接收京津，但自己的部队若能先进北京，造成既成事实，蒋阎也是无可奈何。于是，他急令先头部队韩复榘部快速北上，抢占北京。韩复榘率2万余人自彰德北上，日夜兼程，急行如飞，3昼夜，徒步行军800华里，6月6日进抵南苑，首先到达北京地区。

当韩复榘兵临北京城下之时，阎军尚在北进途中，其先遣部队还未抵达卢沟桥。韩复榘抓住这一时机，选派300多名精干人员，抢先进入北京。但是，以王士珍为首的临时维持会，却以蒋介石已指令阎部接收北京等理由，拒绝韩部接收，所派300多人只好又撤回南苑。对此，韩复榘愤愤不平，满腹牢骚，不满于心，怒形于色。

阎锡山进入北京城后，走访北洋政府遗老，拜会各国外交使节，接见记者，发表通电，开宴会，登报纸，迎来送往，应接不暇，确是春风得意，出尽了风头。

冯军自五原誓师以来，转战万里，历尽艰辛，迎击奉军主力，付出巨大代价，论功行赏，理应得到较多的地盘和权力。但是，蒋阎的秘密交易，使最先到达北京城下的冯军进不了城内，只能眼巴巴地看着后到的阎军进城接收，看着阎锡山在城内大出风头。冯玉祥耿耿于怀，冯军将领怨气难消。

蒋介石为了抚慰冯玉祥，分给了冯部两个职务。一个是北平市市长，但却是个有职无权的闲差。另一个是崇文门税关监督，虽可得些税关收入，但每月也仅仅是20万元左右，对于拥有几十万人马的冯军来说，只是杯水车薪，无济于事。

夺走了刚要到口的肥肉，只扔过来食之无味的两块鸡肋，怎么能消除冯玉祥及其部下的不满呢。

外交风波与消极抗命

冯玉祥部下为了发泄心中不满，遂寻机制造麻烦。6月8日，当奉军留下维持北京治安的鲍毓麟旅撤离时，韩复榘命令所部将其阻截缴械。鲍旅留京是应外交使团的要求，待北京移交给国民党军后，外交使团担保该旅安全返回东北，对此，南京政府曾表示同意。现在，鲍旅被冯军缴械，外交使团一方面电责南京政府失信，另一方面到南苑向韩复榘交涉。在一间极其简陋的房子里，韩复榘光着膀子毫不客气地接待了外国使节："奉军是我们的敌人，各国不能干涉！"并对各国一贯仇视冯军表示不满。交涉毫无结果。

平时颐指气使的公使们受到韩复榘的一场抢白，感到是个莫大的侮辱，面子上过不去，便向南京政府提出了抗议。南京政府急忙电请冯玉祥解决此事。

6月12日，冯玉祥致电南京政府外交次长，指出，韩总指挥并非有意抗命，查鲍毓麟，即鲍贵卿之子，迭与我军作战，南口之役，杀我俘虏千人。此次鲍旅事件，纯系使团袒敌行为。

韩复榘制造的这场不大不小的外交风波，冯玉祥为韩复榘的辩护，实际上是不满于蒋介石的一种反抗。

国民党"北伐"告成，蒋介石准备在北平召开善后会议，但是，冯玉祥复电有"病"，不去参加，对蒋表示消极反抗。

冯玉祥手握重兵，虎踞西北陕、甘等省和中原河南4省之地，他的消极态度，借"病"抗命，不仅使蒋介石面子上极为难堪，也使南京政府即将统一的政令受到极大阻力，尤损威信。

蒋介石请李宗仁居间调停，李宗仁派曾在冯处任职的高级参谋黄建平同李鸣钟持其亲笔信前往新乡，慰问冯玉祥。李宗仁认为冯的消极抗命也是情有可原，因为冯军所驻西北各省均属贫瘠地区，地方收入不足以养兵；现在大功告成，收复平津，但冯军几乎一无所获，安得不怨？同时，他又劝冯"顾全大局，忍辱负重，扶病北上，参加善后会议。"冯玉祥对李宗仁的理解感到快慰，另外也不想和蒋介石搞得太僵，便复电李宗仁："黄、李两君莅临，并出手示，情意拳拳，铭感肺腑，至分析时局，洞若观火，尤为钦佩。我兄如北上参加善后会议，弟当扶病奉陪末座。"李宗仁接到此电后，即拍电报告蒋介石，南京政府要员们获此消息，满天云雾顿时消散。蒋介石决定绕道武汉约李同往新乡，再约冯一起前往北平参加善后会议。

6月28日，蒋介石率领要员及宋美龄等一行20余人到达武汉。第二天，蒋介石检阅了第四集团军驻汉部队，在讲话中强调："革命军人应忠诚拥护中央政府，应尽阶级胆、从天职和确守军风纪，不惜为国家牺牲。"

7月1日，蒋介石、李宗仁等一行到达郑州，冯玉祥已从新乡赶到这里迎接。会晤中，吴稚晖对冯说：

"因为张作霖这些军阀的办法不好，所以我们起来打倒他们，我们来干。这可用八个字来说明，就是：你不好，打倒你，我来！"

冯玉祥对最后两个字作了补充，他说，只是"我来"不行，必须是"我来干好"，"我来了，不干不行，不干好也不行！"

冯玉祥的话，引得众人哄堂大笑。其实，冯在欢言笑语中暗含有一句潜台词：你蒋介石"不干好也不行！"

冯玉祥设宴款待蒋介石一行，李宗仁见冯玉祥身躯健壮，满面红光，毫无病容，但却频频咳嗽。散席后，李宗仁问李济深："你看冯先生在害病吗？"李济深微笑道："他在扮戏。"

冯玉祥确实以有"病"为借口，表示消极反抗。当蒋介石邀他一同北上时，他又以有事需要料理为由，婉言谢绝，有意对蒋怠慢。

7月3日，蒋介石一行到达北平，蒋氏夫妇下榻于停放孙中山灵柩的西山碧云寺，做出孝子守灵之态。这时，全国从南到北出现了一股关于"裁兵"的舆论高潮。6月末，宋子文在沪、宁先后召开全国经济会议和全国财政会议，以节约财政开支进行经济建设为由，鼓吹"裁兵"，南京政府授意上海资产阶级组成了"国民裁兵促成会"，蒋系的重要将领也跟着摇旗呐喊；蒋介石在北平接连发出通电，高喊"非裁兵无以救国，非厉行军政、财政之统一无以裁兵"，表示"中正尤当竭其绵薄，与我同志共勉之"。蒋介石制造"裁兵"声势，企图在善后"裁兵"中削弱和限制其他各派的兵权，是控制其他各派、实现个人独裁所施展的一种手段。

冯玉祥离开郑州，于7月4日到达保定。冯玉祥为了对抗蒋介石，同时也为了迎合社会舆论，7月5日在保定发出《时局通电》，也提出了一套"裁兵建国"的主张，并和南京政府宣告的"统一"大唱反调，指出现状是国势危机、民族苦难，还针对蒋的居功自傲和阎的封官晋级，指出：那些自以为对革命有"功"者，少往自己脸上贴金，面对国家和人民的苦难，应该"椎心泣血，引咎自劾"，一些人"罪戾丛滋，何功之可言"。冯玉祥父母的坟墓在保定附近，他抵达保定后就以修墓为由，不再北上，并派鹿钟麟去北平，声言他因故不能前来。

冯玉祥的这些举动，以消极的姿态，制造种种难题，以示对蒋介石的不满与对抗。

哭灵与追悼会

冯玉祥迟迟不肯北上，善后会议一时难以举行，蒋介石心急火燎，致电敦请，并派员专程迎接。

7月6日，冯玉祥的专车驶抵北平西直门车站，党政军要员和部队到站欢迎。

冯玉祥终于到了北平。

北平，当年的北京，是冯玉祥十分熟悉的地方。1917年，他在这里打败了张勋的辫子军；1922年，他出任陆军检阅使，兵驻北京南苑；1924年，他在这里发动了"首都革命"，推翻了直系统治，把溥仪撵出了皇宫。此番重至故地，感慨万千，眼见北洋军阀已被打倒，国民革命告一段落，自然欣喜、兴奋，然而，国家满目疮痍，积重难返，又有人企图重建专制，不免产生许多焦虑和惆怅——因为他内心里还抱有一定的民主主义和爱国主义思想。他为"北伐"军兵临北京城下付出巨大代价，立下赫赫战功，可是，北京却变成了他人的北平，酸楚、愤恨，心潮难平——因为他毕竟成为新军阀的一员，思想上的主流还是权势纷争。

冯玉祥到达北平的当天，蒋、冯、阎、李和南京政府的一批党政要员，齐赴北平西山碧云寺，在孙中山灵前举行祭告典礼。蒋介石主祭，李宗仁、冯玉祥、阎锡山任襄祭，奏哀乐，献花圈，行鞠躬礼，第三集团军总指挥商震代表蒋介石宣读祭文：

> 维中华民国十七年七月六日，国民革命军祭奠北平，弟子蒋中正谨诣香山碧云寺，致祭我总理孙先生之灵曰：溯自我总理之溘逝，于今已3年有余矣，中正昔待总理，亲承提命之殷殷，寄以非常之任，教诲拳拳，所以期望于中正者，原在造成革命之武力，铲除革命之障碍，以早脱人民于水火。

许多祭奠活动都是做给活人看，许多祭文都是念给活人听，蒋介石的祭文就是向活人宣示：只有我是孙中山的"弟子"，是当然继承人，我现在所做的一切，都是本着孙中山的"教诲"与"期望"，完成孙中山的遗愿。

读罢祭文，打开棺盖，瞻仰孙中山遗容。这时，蒋介石扶棺痛哭，热泪如丝，长哭不止，哀痛至极。冯玉祥上前相劝，结果，越劝他哭得越凶。蒋介石哭声不停，祭告典礼就不能结束，大家等他一人，有些不耐烦了，后边有人竟骂了起来："这样才显出他是嫡系呢，我们都不是嫡系，叫他哭吧，我们走了！"蒋介石哭得并不专心，这些话他竟能听得清清楚楚，感到再哭下去将会自讨没趣，便连忙止哭，盖棺散会。

北平祭灵时的蒋介石

蒋介石哭灵，哭的是孙中山，表白的是他自己：众人之中，唯有他是嫡系。可惜，这种借孙中山在天之灵，把自己凌驾于其他各派之上的把戏，当场就被人拆穿了。

蒋介石哭灵的当天下午，阎锡山设宴招待蒋、冯、李及其他军政要员。席间，蒋介石大谈"北伐告成，诸同志相聚一堂，非常快乐"，冯玉祥又是针锋相对，站起来说道："蒋总司令谓今日乃大快乐，余则不胜悲痛，第一，不平等条约尚未废除；第二，旧军阀之残党：尚未完全消灭；第三，各军裁兵，未见实行。"冯玉祥滔滔不绝，有根有据，蒋介石等明知话有所指，也只得硬着头皮任其讲完。

蒋介石哭灵刚过两天，即 7 月 9 日，冯玉祥又在南口召开了万人追悼大会，悼念两年前南口大战中阵亡的国民军将士，特邀蒋介石等要员参加。

祭场上一片白色茫茫，摆满了各界送来的挽联，而冯玉祥敬献的挽联格外引人注目：

> 不共国贼戴天，四月战边关，视死如归，数万健儿余白骨。
> 终教元凶授首，两年收族蓟，招魂何处，一腔血泪奠黄沙。

冯玉祥主祭，鹿钟麟代读祭文。南口战役时，鹿钟麟任国民军东路军总司令，所部将士苦战阵亡的悲壮场面，历历在目，因而宣读祭文时，痛哭失声。随后，李宗仁、白崇禧、方振武等也先后宣读了祭文。

冯玉祥讲话，更是声泪俱下，悲痛与激动，几乎使他昏厥，最后，他把抚恤死难者家属的难题，扔给了蒋介石：

"……死者已矣。优恤之费，政府自当筹措，今幸我革命军总司令蒋公在场，必不忍死难同志，含冤九泉，深望建议国府，赐予矜恤。玉祥幸甚，诸烈士家属幸甚。"

蒋介石发表演讲，承认在广东北伐军进兵之际，国民军正在南口与北洋军阀激战，"北伐成功，多赖南口死难烈士"。但对抚恤问题，却没有涉及。事后，冯玉祥为此事曾和蒋介石争吵多次，但蒋均以没钱为由，始终不办。

蒋介石、冯玉祥、阎锡山、李宗仁等人在祭陵后合影

李宗仁、白崇禧等及各来宾，都发表了演讲，追悼会一直开到日落黄昏才结束。

冯玉祥此举固然是对阵亡将士一种告慰式的祭奠，但主要还是做给活人看，以此来显示所部战功不在他人之下，真正实践孙中山主张并为此做出贡献者大有人在，而不只是一个装模作样的哭灵人，含有与蒋介石针锋相对之意。

吵，从北平吵到南京

从蒋介石哭灵的当天晚上开始，蒋介石、冯玉祥、阎锡山、李宗仁、李济深及其他要员，在北平举行谈话会，即所谓善后会议。

会议在"团结统一"的旗号下，议论了许多问题，均因意见分歧而不了了之，尤其在裁兵问题上，更是各有打算，互不相让。蒋介石抛出《军事善后案》和《军事整理案》，企图裁减甚至同化其他各派的军事力量，遭到反对；冯玉祥主张裁减老弱不良者，实行"精兵主义"；阎锡山则主张各集团军平均缩减，实行"平均主义"。会议开了4天，一直争吵不休，唯一的不是结果的结果，是都同意先成立编遣委员会，再续议裁兵，冯、阎、李都在蒋拟定的裁兵计划上副署，拟作为一项议案提交国民党二届五中全会。这样

56

一个无以善后的善后会议，竟有人为之解嘲，吴稚晖说："好在国民党惯于会而不议，议而不决，这次会议当然无伤大雅。"

1928年7月13日，冯玉祥首先离开北平返回河南。第二天，即致电南京政府，要求拨巨款抚恤1927年5月以来第二集团军的阵亡将士，电报中还对地盘的划分表示了不满，并对即将进行的军队编遣表示抗争。

7月25日，蒋介石也离平南返，途中在蚌埠稍事逗留，把第一集团军中黄埔军校出身的上尉以上军官集合起来，听他训话。蒋介石发给每个军官一块白纸，对他们说："北伐完成后，

国民党元老派重要人物之一——吴稚晖

军阀是否已经打倒？认为已经打倒的，在纸上写'打倒了'3字，若认为尚未打倒，则写'未打倒'3字。"各军官不知蒋的用意，均据实写上"打倒了"3字。

蒋介石看后大不以为然，对军官们说："你们认为军阀已经打倒了，其实不然。旧的军阀固然是打倒了，但是新的军阀却又产生了。我们要完成国民革命，非将新军阀一齐打倒不可。只有连新军阀一齐打倒，你们才有出路，你们现在当连长的人，将来至少要当团长。"表明蒋介石已决心要消灭其他派别。

7月28日，阎锡山、李宗仁、李济深、戴季陶等一同乘车由平汉路南下，阎锡山中途转往山西，其余人员由平汉路转陇海路到开封。冯玉祥亲到车站迎接，陪同李宗仁等游览了开封的名胜古迹之后，便一同转津浦路南下，8月1日到达南京。

国民党要员和各集团军首脑云集南京，准备出席国民党二届五中全会和解决军队编遣问题，各派系间的争吵也就由北平转到了南京。

　　蒋介石面对各派纷争的局面，为了把大权集中到自己手里，需要一个对付其他各派的良策。善于出谋划策的杨永泰，满足了他的这一需求。杨永泰本是原政学系的政客，此时已投靠了蒋介石，受到赏识与信任，当上了国民革命军总司令部的参议。杨永泰这次又向蒋介石献了一策，基本内容：取消各地政治分会，以集权于中央；实行"调虎离山"和"离窝毁巢"之计，即请各集团军首领到中央任高官，以夺其兵权，遣散其他各派军队，由中央统一整编全国军队；地方高级官员由中央统一任命。

　　蒋介石以为可行，便带着这一计策出席了国民党二届五中全会，并在军队编遣问题上施展权谋。

　　8月8日至15日，国民党举行了二届五中全会，声称全国已经"统一"，应由"军政时期"进入"训政时期"。

　　会上，蒋介石提出取消各地政治分会，国民党元老李石曾、张静江等认为与孙中山地方自治理论不符，主张暂时保留。冯玉祥、李济深则以取消政治分会将有悖于四中全会决议和中央分区"剿共"等为由，同蒋对抗，使蒋难以回驳。此时，阎锡山请长假正在山西"养疴"，忽于8月5日宣誓就任太原政治分会主席。阎的这一职务早已任命，偏在此时就职，显然是有意向蒋示威。在其他各派反对之下，蒋介石取消政治分会的企图难以实现，只得同意继续保留，待召开国民党三大时决定存撤。

　　会议通过了蒋介石、何应钦联名提出的《军事整理案》，蒋介石的裁兵计划列入了国民党中央决议，是蒋介石在这次会上所取得的主要成果。

　　会议通过了实行五院制的决议案，10月8日，国民党中央决议，蒋介石、冯玉祥、阎锡山、李宗仁等16人为国民政府委员；蒋介石为国民政府主席；谭延闿为行政院院长，胡汉民为立法院院长，王宠惠为司法院院长，戴季陶为考试院院长，蔡元培为监察院院长，冯玉祥为行政院副院长兼军政部部长，阎锡山为内政部部长，李宗仁为军事参议院院长。

　　空喊"团结统一"的二届五中全会，实际上加深了各派之间的裂痕。会后，冯玉祥返回河南，忙于巡视驻区和宣扬所部战功，9月17日，命令辖区各地隆重举行五原誓师两周年纪念大会，开封和西安还举行了阅兵式和提灯会，冯亲自制定了纪念誓词，发表了纪念宣言。冯玉祥的这些举动，是对

蒋介石的一种武装示威，也是为
在编遣会议上提出自己的方案做
舆论准备。

蒋介石取消政治分会的企图
未能实现，"削藩"的计谋受挫
之后，又施"调虎离山"之计，
力促冯玉祥、阎锡山、李宗仁等
到南京供职，使他们脱离所辖地
区和所部军队，进而夺掉他们的
军权。为此，他首先在冯玉祥身
上下功夫，让冯充当一只领头羊，
于是他以盟弟的身份，投冯之所
好，进行说服。

蒋介石深知冯玉祥强烈要求
废除不平等条约，便对冯说："北

1928年，蒋介石与冯玉祥因裁军问题已是
貌合神离

伐完成，是辛亥革命后的第一次真正统一。为了一新国际耳目，只有各集团
军总司令齐集首都，共同建一个新的中国，那时列强不能不承认，这才有力
量废除不平等条约。"蒋介石知道冯玉祥乐于接受恭维，接着又说："这样
的新中国由我们手里建成，在历史上是多么光荣的事件！可是只有大哥您才
有这种高瞻远瞩，旁的人见不及此。所以希望大哥首创入京供职，把军、政
等权统一于中央。以后中央的事务，我当一切听大哥的。只有大哥先到了南
京，接受了中央的职务，阎、李他们便不敢来，大一统的新中国等于是大
哥造成的！"

蒋介石更知道冯玉祥军饷欠缺，又把话题转向部队待遇上来："至于历
年来第二集团军太苦了，那是因为还未统一，财政没有办法，以后部队都是
国家的，大哥只要到了中央，绝对办到一律平等待遇，第一集团军吃什么，
第二集团军也吃什么！"

蒋介石真的给冯部补助了一些军饷。

冯玉祥被蒋介石的甜言蜜语和军饷补助打动了，他一面规劝部下不要只

重视地盘，一面接受了行政院副院长和军政部长职务，并到南京供职。此时，冯玉祥既和蒋介石有矛盾，防范蒋介石消灭异己，又幻想能够和蒋合作共事，保持和巩固自己的地位及军事实力，这是他接受蒋介石劝诱的思想基础。

蒋介石的目的达到了，第一、二集团军平等待遇的许诺也就不算数了，但他有托词：

"国家虽然统一了，财政的统一和收入的增加，还要经过一个相当的时期。大哥的军队训练有素，纪律是好的，多年不发饷也不兵变；我的部队复杂，不发饷就会发生事故；因而还要委屈第二集团军一个时期。"

冯玉祥听了这些不是理由的理由，自然不太高兴，但又感到似乎也有一定道理，不一定是蒋有意说了不算，自己是军政部长，能够了解军需的实际情况，根据情况的变化可以随时调整军饷等。然而，事态的发展使他发现自己上了当，原来他这个军政部长是块空招牌，军政部所属的军需署署长是蒋的亲信，竟然拒绝他调阅该署的账目，随时调整军饷的打算根本无法实现。

蒋冯之间的矛盾与裂痕，到了编遣会议召开之时，便更加尖锐和明朗了。

大哥"病"了

北平谈话会之前，冯玉祥就"病"了一回，南京编遣会议当中，冯玉祥又"病"了。

李宗仁来到冯的住所探视，看见卧房里炭火熊熊，冯卧在床上，身盖两层棉被，满头大汗，呻吟不止，确似真的病了。

孔祥熙前来探视，恰逢冯正与部属谈话，忽报孔到，冯立即卧床蒙被，不住呻吟，示人以病状。

许多人都明白冯是假意托病，实际上是得了"心病"。精明的蒋介石更是了解个中情形，明知他的这位大哥是托病拒会，他却以假当真，先后两次借宋美龄探视慰问，以示关切。

冯玉祥在编遣会议上有"病"，他的"病"就是因编遣会议而起。

1928年12月19日，国民党中央政治编遣会议通过了《全国编遣会议条例》。规定编遣会议将决定全国军额编制，划分卫戍区域，决定全国军费、裁留标准及接管现有军队的程序，厘定军官任免方法，校阅全国陆海空军，筹办安置编遣事项等，赋予编遣会议以整编全国所有军队的职权。

军队编遣直接关系到各派系的切身利益，各集团军首领又一次云集南京，除蒋介石已在南京外，冯玉祥先于他人，早在10月13日就已到京供职，阎锡山和李宗仁分别于12月13日和23日到达，李济深也于1929年1月6日赶到南京。

蒋介石想削弱和铲除其他派系的军事力量，又生怕各派联合起来对付自己，会议召开之前，他便在各派之间进行挑拨和拉拢，以防止他们合作。

蒋介石单独邀请冯玉祥到南京市郊汤山温泉洗浴，以示与冯的关系非他人可比，闲谈中对冯说道："常说的话：平、粤、沪、汉，这四个地方拿到手里，全中国就都在他们手中了。"这时，阎锡山占有北平，李济深据有广东，李宗仁占有武汉，而上海市市长也属于桂系。蒋介石深知冯玉祥有强烈的地盘要求，尤其对阎占据北平一直耿耿于怀，蒋在无意闲谈中有意触动冯的心事，以挑拨冯与阎、李等人的关系，使冯与他们作对。蒋介石对冯玉祥表示亲近和尊重，三番五次地请冯首先提出一个军队的裁留标准与方案，作为会议讨论的基础。其实，蒋介石此举还另有用意，即事先探知冯的底数，以便采取对策。

冯玉祥果真最先提出一个编遣准则：强壮者编，老弱者遣；有枪者编，无枪者遣；有训练者编，无训练者遣；有革命功绩者编，无革命功绩者遣。根据这一准则，提出了编遣方案：第一、第二集团军各编十二个师，第三、第四集团军各编八个师，其他不属于各集团军的部队共编八个师。冯玉祥提出这一方案，也是经过反复斟酌，费了一番心计。本来，他认为自己的部队兵员最多，素质最好，训练最精，战功最大，按照自己提出的编遣准则，应编的人数理当最多。但他又考虑到，这样势必使自己部队应编人数超过第一集团军，而很难得到蒋的支持。于是，他在方案中把第一、第二集团军拉平，将第三、第四集团军和其他杂牌部队压低，以为这样可以获得蒋的支持，从而形成蒋冯团结、控制其他的局面。

冯玉祥的想法只是一厢情愿，蒋介石的心里却是另有打算。蒋介石意在彻底剪除异己，绝不让他人部队多编，更不愿冯的力量与己相等，表面上对冯的方案未加可否，暗地里却鼓动别人提出抑制冯玉祥的方案。

蒋介石多次派人密访阎锡山，由何应钦出面将阎请到自己宅邸共餐与密商，向阎示意，在4个集团军之外，应再增加一个中央区，希望阎能考虑一个方案提交会议，与冯的方案一起讨论。蒋介石授意阎锡山另提方案，既可挑动冯阎的关系，又可将冯的力量压下去，可谓一箭双雕。

阎锡山老谋深算，一眼就看透了蒋介石抑冯的意图。他虽然与蒋有矛盾，不满于蒋的消灭异己政策，但是抑冯却符合他的心愿。冯军离他的老巢山西较近，冯军扩大对他是个直接威胁；他与冯之间既有争夺平津地盘的新仇，又有南口大战截击国民军的旧恨，冯的势力发展，尤其是冯蒋合作，将会与他不利。阎锡山早就想离间冯蒋的关系，现在蒋有意抑冯，正是求之不得，于是，便按蒋的意图提出了一个编遣方案：第一、第二集团军各编十个师，第三、第四集团军各编八个师，其他部队编6—8个师，另有6—8个师由中央处理。当时，冯军人数最多，有40多万人，蒋军接近40万人，李宗仁的桂军约20万人，阎军不足20万人。按照阎的方案，冯军裁减最多，阎军裁减最少，蒋军虽也裁减一部分，但由中央处理的部队归蒋掌握，同时又增加了6—8个师，实际上有增无减。因此，阎的方案是一个抑制冯玉祥、拥护蒋介石和有利于自己的方案。

桂系的李宗仁、白崇禧与蒋的矛盾由来已久，只因惧怕蒋冯团结而不敢公开反蒋，他们认为阎的方案可以离间蒋冯关系，于己有利，因而表示赞同。

本来，在军队编遣问题上，各派首领都有反蒋的意向。可是，经过蒋介石的拉拢和挑动，他们都转移了目标，为了各自的利害而互相争斗起来。蒋介石的目的达到了，编遣会议便正式开场了。

1929年1月1日，全国编遣会议开幕，国民党中央执监委员、各集团军总司令和总指挥，共60余人参加了会议。

会议开始，全体与会者面对孙中山像宣誓：

"敬以至诚，宣誓于总理灵前：委员等遵奉总理遗教，实行裁兵救国。对于本党之一切决议，竭诚奉行，不敢存丝毫偏私、假借、欺饰、中辍之弊。如有违犯，愿受本党最严厉之处罚。谨誓。"

62

吴稚晖代表国民党中央执委会致辞，接着，蒋介石代表各总司令致答词：

"……统一后军人唯有编遣始能自救救国。否则拥兵自相残杀，徒取耻辱而已……"

口头上冠冕堂皇，心底里别有打算，仪式上宣誓忠诚，会议里利己偏私，是这次会议的真实写照。

宗教仪式般的开幕典礼过后，蒋介石首先发言：

"北伐大业现已完成，我们国家建设方在开头，处处需要巨款……我们的军队既不用以对外，就应尽量缩编……至于按照什么标准，本人没有成见，大家可以从长计议。现在冯、阎两位总司令都准备了一个提案，可以供大家参考研究。"

何应钦将冯、阎两个方案读了一遍，蒋介石接着说：

"大家仔细研究，这两个提案赞成哪一个，或是另有提案，都可以尽量提出，发表个人的意见。"

与会者相继发言，多数人赞成阎的方案，反对冯的方案，蒋介石见火候已到，便趁势表态：

"既是大家赞成阎总司令的提案，那么原则上就采用这个提案。我的意思，在中央编遣区之外，再加上东北编遣区。"

冯玉祥见自己的方案被否定，就提议暂缓编遣。蒋介石也不好操之过急，提议先成立编遣委员会，委员会内先设一个经理组，管理财务，由阎锡山任组长，并说明"实施编遣，没有足够的经费是办不到的，这个组非常重要，组长的责任重大"，阎锡山沉默片刻，便表示"一定勉为其难"。

会议结束时，冯玉祥怒容满面，气冲冲地走出会场，回去以后就称病请假，只派代表出席会议。

第二天继续开会，蒋介石提出在各集团军分别设一个编遣区，推选一个编遣主任，隶属于全国编遣委员会，负责本区的编遣事宜，并指定何应钦为第一集团军编遣区主任。接着，会议决定第二集团军为鹿钟麟，第三集团军为周玳，第四集团军为白崇禧。

第三次会议上，蒋介石谈到军制时说："我们是募兵制，募来的士兵都是一些无赖、流氓、土匪……现在北伐完成，我们一定要把旧式军队逐渐改变成为爱国爱民的新军队。"冯玉祥的代表接着说道:"我们第二集团军是严格选拔出来的,所以绝不是土匪、流氓、无赖。在冯先生组织国民军反对曹锟的时候,我们就提出了不扰民、真爱民、誓死救国的口号……所以中国的军队也不能一概而论。"这些话显然是针对蒋说的,说得蒋面孔红一阵、白一阵,十分难堪。会议冷场,无人搭腔,阎锡山出面打个圆场,才继续开了下去。

编遣会议开开停停,各派系之间吵闹了近一个月,没有解决任何实质性问题,于1月26日收场,至于编遣如何进行,留待以后再召开编遣实施会议决定。

冯玉祥本想同蒋介石合作,在蒋的支持下保持自己的实力,在南京政府中占有重要地位。蒋介石在编遣会议期间的表演,使他看清了不可能再同蒋合作下去,因此,他会后继续有"病",不再去军政部办公了。

1929年2月5日,冯玉祥以"养病"为借口,向蒋介石、谭延闿请假离开南京,蒋亲往送行。6日晨,冯玉祥抵达开封,后转至豫北辉县百泉村。

蒋冯此次分别,告别了他们彼此间的合作,尽管脸皮还没有公开撕破,但是裂痕已经无法弥合,而且越裂越深越大,以致兵戎相见。

四、中原大流血

有人对蒋介石说，北伐奉张时冯玉祥想搞垮阎锡山而独占华北，用心恶毒。蒋介石说："这人向来如此，实在要不得。"要不得，就去掉他，文的不行，就来武的。

冯玉祥同阎锡山联合起来，决心"同生死、共患难，反蒋到底"。反蒋，不同以往，这次是武装的。

以兵对兵，陇海、津浦、平汉三线鏖兵，搅得中原无宁日，为时半年的大流血，制造出 30 多万个阴魂。

争的是权势，死的是士兵，受害的是百姓。呜呼，军阀之战，洒向人间都是怨，到头来，还不是一枕黄粱再现！

脚踏两只船

1929 年 3 月召开的国民党三大，使国民党成了蒋家党。蒋介石不许党内有派，消灭异己的欲望大增，采取各个击破的策略，矛头首先指向了桂系。桂系所占地盘直接威胁着蒋的统治中心地区，必欲去之而后安；桂系所辖地区不集中，战线长，且内部矛盾尖锐，比较好打。

桂系与蒋的矛盾由来已久，看到蒋冯关系破裂，反蒋时机成熟，便决意与蒋一决雌雄。

3 月 26 日，蒋介石下令讨桂，蒋桂战争爆发。

3 月 29 日，阎锡山通电拥蒋讨桂，冯玉祥成了蒋桂双方极力争取的对象。

冯玉祥在辉县百泉村接见了李宗仁、白崇禧派来的代表，表示愿与桂系合作，共同讨蒋。早在南京编遣会议时，冯就对桂系表示同情，曾对人说，四个集团军总司令除桂军外，都有要职，连张学良都有，唯独第四集团军的人，大半闲散，未免有向隅之感。又说，天下事不平则鸣，蒋处置问题如此不平，成为时局前途的隐忧。蒋冯关系已经破裂，蒋介石兴兵讨桂，冯玉祥自然倾向桂方，但在非亲信部属和外人面前，却表示对蒋桂双方"情谊相等，不便偏袒，但求苦心斡旋，息事宁人"。

蒋介石派邵力子到百泉村，请冯回到南京去。冯表示，他想辞职出国留学，以备他日效力党国，希望军政部部长一职由鹿钟麟代理。冯玉祥到华山，蒋介石派邵力子等又追到这里。这次，明确请冯出兵援助，并以行政院院长和湖南、湖北两省主席为筹码，冯玉祥表示："论公论私，皆不能使蒋独任其艰，我方可出兵12万，留14万维持地方安宁。"同时又说，蒋如不改变专制独裁，即使能战胜桂系，但继之而起者仍将大有人在。3月30日，冯玉祥又致电蒋介石，表示可"出兵13万，以韩复榘为总指挥，出武胜关"。

冯玉祥进行军事部署，韩复榘部屯兵平汉路南段，石友三部集中南阳一带，张维玺部在陕南荆紫关，孙良诚部集中豫西作总预备队。但是，究竟是援蒋还是助桂，冯玉祥还要看战局的发展，他对属下说："他们是势均力敌，总要看上一两个月，才有分晓。"他认为，北方人爽直侠义，南方人轻佻浮躁，易合易离，而最终收拾大局者，往往是北方人，当蒋、李这两位南方人打得两败俱伤之后，最终要由他这位北方人收拾大局。他采取了坐山观虎斗的策略，待蒋、李双方一败一伤时，坐收渔人之利。

冯玉祥按兵不动，作壁上观。他印刷了大批讨逆布告，但所讨的是"蒋逆"还是"李逆"，却留下空白，其中所列的"贪赃枉法，横征暴敛，屠杀民众，迫害青年"等十大罪状，对蒋、李双方也都适用。他的用意十分清楚：如桂系失败，可令韩复榘、石友三直驱武汉，布告上就填写"讨桂"二字，先于蒋介石占领武汉，夺取湖北；如果蒋败，可令孙良诚出徐州，布告上就填写"讨蒋"二字，先于桂系进占南京。

冯玉祥态度不明朗，蒋介石有戒心，为了防止冯两面讨好，便公开发表了冯给他的电报，内有"玉祥服从中央，始终一致"等语。但是，冯对蒋仍是虚与委蛇，不肯明令讨桂。

蒋桂战争进展之快出乎冯玉祥所料，蒋介石重金收买桂军将领，李明瑞得了150万元在前线倒戈，战争迅速以蒋胜桂败结束。4月5日，蒋军打败桂系兵抵武汉，冯玉祥见势不妙，急忙表态拥蒋，于4月8日发了个"马后炮"的讨桂通电，并派出代表同邵力子等赴武汉见蒋，以增进与蒋的关系，可是，已为时晚矣。

冯玉祥脚踏两只船，落得个两面不讨好。

蒋介石打败了桂系，拉拢冯玉祥已没有必要了，不但行政院院长和两湖地盘的允诺不算数了，而且不允许山东省主席孙良诚于日军撤出后接收济南，决定以陈调元取代孙良诚，负责接收山东。

蒋介石在编造会议之后就决意对付冯玉祥，并采取了制定对冯作战计划、挑拨冯阎关系、企图诱冯进京予以软禁或扣押等措施。按照各个击破的策略，蒋介石打败桂系之后，便把矛头转向了冯玉祥，5月7日发表《和平统一为国民政府唯一之希望》一文，内称"欲消弭内乱，非铲除军阀不可；欲铲除军阀，非根本扑灭封建地盘思想不可"，为发兵讨冯大造舆论。5月10日，冯玉祥致电蒋介石，指责蒋对第一、第二集团军发饷不公。5月13日，蒋介石复电说，第一、第二集团军发饷不一致，是由于第一集团军士兵向来生活水平较高，第二集团军士兵向来生活水平较低、习苦耐劳惯了，电报还含蓄地指责冯玉祥联合桂系违抗中央。

冯玉祥难以容忍蒋介石的步步紧逼，蒋冯战争已箭在弦上了。

金钱的魅力

冯玉祥看到同蒋介石的兵戎相见已不可避免，便采取措施，令韩复榘、石友三部从信阳、襄樊撤退，鲁、豫两省的部队向陕西撤退，并炸毁武胜关隧道，拆毁洛阳以东的铁轨。冯玉祥此举的意图是缩短战线、集中兵力，并阻断蒋方进兵之路，同时还可免除阎锡山抄袭后路之忧，迫使阎与己联合反蒋或采取中立态度。

5月16日，蒋介石致电冯玉祥，责问为何炸隧道、毁铁轨。同一天，冯部将领刘郁芬等发出电报，内称：为护党救国，请冯率五十万武装同志与蒋周旋。南京政府电令冯玉祥严惩刘郁芬等人，立刻恢复陇海路、平汉路交通，但冯玉祥不予理睬。

5月19日，冯玉祥在陕西华阴召开军事会议，列举了蒋的四大罪状：

1. 党务方面，蒋氏私自圈定和指派国民党三全大会代表，违反党章；

2. 日本占领济南，为我国奇耻大辱，经交涉，日本既定期撤兵，蒋竟反请缓期，丧权辱国，莫此为甚；

3. 蒋对各军待遇不平等，并挑拨离间，拆散革命战线；

4. 豫、陕、甘灾情严重。蒋氏不闻不问，反将丰台、保定、徐州等赈粮，悉数扣留，坐视并加速灾民饿死。

冯玉祥指出，根据这些罪状，对蒋不能不兴兵讨伐，但用兵如与人搏斗一样，直伸两臂，无法用力，必须弯回来再打出去，才能有劲。据此，他部署山东、河南的部队一律西撤，在潼关、华阴一带集结。

华阴会议后，遵照冯玉祥的战略计划和命令，孙良诚等率部迅速西撤，可是，冯玉祥的心腹将领韩复榘、石友三却叛冯投靠了蒋介石。

韩复榘和石友三，都是跟随冯玉祥多年、由冯一手提拔起来的将领。早在冯任十六混成旅旅长时，他们都已升为营长。当时，冯在中下级军官中有十三名亲信，人称"十三太保"，韩、石都在其中。1926年南口大战时，他们都当了师长。南口战败，他们投降了晋军，五原誓师后，又回到了国民军。冯玉祥欢迎他们归来，对投晋一事既往不咎，但他们心有愧疚和疑虑，对冯存有戒心，精神上已有隔阂，不过，尚未对冯产生不满。国民党新军阀四大派联手"北伐"时，韩、石作战英勇，尤其韩部战功卓著，最先抵达北京城下。韩本想捷足先登占据北京或直隶地盘，但冯已同意由阎军接收京津，对此愤愤不平。后来，冯将自任的河南省主席让给了韩，作为补偿，但又将韩调离了其基本队伍第二十师，由他人担任了师长，这又使韩怏怏不快。石友三屡建战功，见别人都当了省主席，唯有自己未能列土封疆，心有不满，但为人胆小多疑，一向唯韩马首是瞻。

冯玉祥以封建家长式的方式治军，对高级将领缺乏最起码的尊重，一旦发现他们有过错

韩复榘

时，还是像对待士兵一样，经常处以罚跪、打军棍和站门岗等。1928年，冯玉祥在洛阳时曾下令调韩的手枪队到洛阳，韩不愿意，他就派人将韩叫到洛阳，当面训斥："你现在当了主席，很威风了，在家里有人守卫，出门有人保驾，你们都不管我了。好啦，我这里没有人守卫，你给我站岗去！"韩敢怒而不敢言，身为省主席，只得老老实实到冯的司令部门外，站了两个多小时的岗。这样，韩的内心自然产生了离心倾向。

韩复榘等高级将领大都升任了省主席等官位，追求吃喝玩乐，可是，冯玉祥的军纪很严，要求他们保持简朴生活，使他们很反感。韩复榘经常瞒着冯去嫖赌玩乐，并娶一名伶女子纪甘青为妾。石友三也是瞒着冯吸食鸦片，妻妾成群。冯对这些情况渐有耳闻，非常震怒，在河南省政府召集军政人员讲话时公开指明："现在许多军政高级人员，生活很腐化，吸烟、喝酒、打牌还不算，有的人打了几个胜仗，自己以为了不起，你弄个唱戏的，他弄个说书的。……"这些话显然是针对韩说的，韩认为冯竟不留一点情面，感觉很难堪，对冯的这种管束甚是不满。

韩复榘、石友三等在旧军队里混迹多年，官处师长和省主席地位，已成为军阀部队的一方首领，当然也存有大小军阀所固有的权势欲。他们不愿再退回西北过艰苦的生活，而要求向外发展抢占更多的地盘。然而，冯玉祥的举措未能满足他们的这些欲望，并生硬武断地否定了他们的有关建议。当蒋桂战争中桂系突然失败时，韩复榘所部已开出武胜关，想直扑武汉，抢先占领湖北地盘，但却被冯大骂了一顿，说他太不懂事，命令他向北撤退。冯玉祥召开华阴军事会议时，韩表示不赞成冯的西撤计划，结果又被冯骂了一顿，说他是小孩子的见解。韩复榘曾向冯提出过这样一个行动计划：由他率兵10万，沿平汉路攻取武汉，他愿立军令状，如不成功，甘受极刑；由孙良诚率兵10万，

石友三

70

沿津浦路直取浦口、南京；由石友三率兵 10 万，沿铁路线驻郑州至徐州一带，为以上两路的总预备队；以宋哲元、刘郁芬部留驻后方，严密监视阎锡山。他认为，按此计划行事，必胜无疑。可是，冯认为这一计划冒险性太大，未予采纳。韩又要求自己所部暂驻洛阳至南阳一带，不撤往陕西，也被冯坚决拒绝。韩与冯的意见分歧已达到了难以调和的地步。

家长式的管束，享乐生活的受制，地盘欲望的被阻，这些都使韩复榘等难以忍受，叛冯而去已是迟早的问题了。

如果说，韩复榘与冯玉祥的种种矛盾，是他叛冯的主观原因的话，那么，蒋介石的拉拢收买，则是他投蒋的主要客观因素。

蒋介石看透了冯军内部的弱点，把收买冯的高级将领作为一项重要措施。当蒋介石打败桂系到达武汉后，便立即召见韩复榘，蒋和宋美龄亲自招待韩和他的第二个夫人纪甘清。韩复榘，字向方，蒋和他谈话时，对他嘉奖备至；口口声声称赞"向方兄战功卓著"并说："现在北伐成功，不应再有内战，应当从事和平建设。"以前，韩复榘见冯，冯对他毫不客气，总是直呼其名，并且经常给他碰钉子，使他提心吊胆，战战兢兢。现在，蒋介石这位国民政府主席、全国陆海空军总司令，竟对他以礼相待，一口一个"向方兄"，使他受宠若惊，感激之中带着欣喜，蒋冯两相对照，蒋的权势大、地位高，尊重他，赞赏他，对蒋产生了亲近之感。

蒋、韩临别之时，蒋又送韩 10 万元钱。同时，蒋派钱大钧赴襄樊慰劳石友三部，也带去了 30 万元。韩、石想要享乐，想要改善所部待遇，所需要的就是钱，而这些钱很难从冯玉祥那里得到，蒋介石却能急人之所需，主动送了过来。对许多人来说，金钱的魅力是不可抗拒的，有钱都能使鬼推磨，花钱自然能买动韩复榘和石友三，蒋介石的钱果然没有白花。

蒋介石见冯玉祥调动部队，知道冯要对付他。但是，他又搞不清冯为何不直接动手，反而命令部队西撤。正当他惊恐疑虑之际，却接到了韩复榘、石友三投靠的电报，真是喜出望外，然而，也在意料之中。

韩复榘在华阴会议后，立刻赶到第二十师驻地陕州，召集旧部密议，决定执行冯玉祥的西撤命令，把队伍全部东开，到达洛阳。5 月 22 日，韩与石友三联合发出投蒋通电："为除民众痛苦，遭逢事变，唯望维持和平，拥护中央"。

第二天，又致蒋两个电报，表示拥蒋。石友三时任第二十四师师长，驻防南阳地区，但与韩早有联络，表示随韩一起行动，投蒋电报发出后，即由南阳率部队到郑州与韩会合。

蒋介石接到韩、石电报后，立即复电嘉奖，许诺所有驻陕甘部队概归韩复榘指挥，派石友三为讨逆军第十三路总指挥，并立即送去 500 万元作为犒赏，同时，任命韩为河南省主席，石为安徽省主席。

5 月 23 日，蒋介石操纵国民党中央执委会常会决议，革除冯玉祥一切职务，永远开除党籍。同时，宣布对冯部高级将领予以撤职查办。接着，南京政府又下令查办冯玉祥，国民党中宣部发布《讨冯宣传要点》，蒋介石发表《告西北将士文》，给冯加上了"勾结苏俄""叛党叛国"等罪名。

5 月 25 日，南京政府明令讨伐冯玉祥。

韩、石倒戈投蒋时，冯玉祥正在华阴与幕僚们议论军事，得知这个消息，如同晴天霹雳，顿时脸色苍白，精神颓丧，失望地说道："这样一来，整个讨蒋计划都全盘地完了。"冯玉祥痛心疾首，日夜哭泣，咒骂自己，自掌嘴巴，不仅在精神上受到严重打击，在威信方面大为低落，而且对于西北军的自信心也远不如从前，感到今非昔比、困难重重了。

5 月 27 日，冯玉祥通电下野入华山，讨蒋战事暂告中断。

爽约与上当

蒋介石下令讨伐冯玉祥，阎锡山唯恐下一次轮到自己头上，便充当蒋冯之争的"和事佬"，出面调停，劝冯出洋游历，以息争端，既可取悦于蒋，又可与冯保持友好，还可博得维护和平的名声。

冯玉祥下野后，派出代表到太原见阎，希望与阎共同反蒋，阎约冯到山西面谈。6 月 24 日，冯玉祥偕妻女离华山，赴山西，25 日抵太原，下榻西郊晋祠行馆。

阎锡山约冯到山西，目的在于挟冯自重，增强自己举足轻重的地位。6

月26日，阎冯联名通电，表明将一同出洋，阎又另电南京政府，声明在出国前需检查身体，并随即前往北平住进医院，以示将丢下所负军政责任，一并归蒋。实际上，是对蒋的一种要挟手段。

蒋介石大为惊异，认为阎冯已经结合，于己不利，便急忙派人挽留阎继续负责，不要出洋，只令冯一人出去，并亲赴北平，与阎密谈，多方拉拢，以拆散阎冯合作。

冯玉祥初到山西时，阎锡山热情招待，有时偕夫人、公子等前去拜访，每隔三五日必亲去看望，交谈中，经常商讨反蒋办法，阎还积极准备出国的服装和用具等。自从阎在北平与蒋密谈之后，便不谈出洋，也不谈反蒋了，更进而不与冯见面了。冯玉祥在晋祠住了3个月，9月末移住五台县，10月5日又迁移到建安村，被阎锡山软禁了起来。冯住所的周围有武装把守，村外有铁丝网阻拦，通往外界的公路挖有壕沟。冯得知受骗，非常愤慨，要求见阎，阎却托词不见，想要出村，又被拦阻，一时无法脱身，只好忍怒住下去。冯玉祥成了阎锡山与蒋讨价还价的一颗砝码。

这一年的农历中秋之夜，阎锡山忽然亲自拜访冯玉祥，在冯面前大骂蒋介石，鼓动冯再次举兵反蒋，表示愿与冯部忠诚合作，负责一切供应。

阎锡山突然联冯反蒋，其实并不突然，因为情况有变。

冯部将领对阎扣冯甚为愤慨，又因经济困难，亟待接济，便自行恢复了与蒋方的往来。鹿钟麟和唐悦良曾随同冯一起离职，8月，应蒋方邀请，恢复陆军部常务次长和外交次长的职务，冯部的薛笃弼又就任了卫生部部长。宋哲元也派人去南京直接见蒋，得到了一些给养补充。蒋也想乘机分化冯部，先后派人到西安宣慰。阎锡山见此情形，大为恐慌，生怕冯军与蒋继续勾结，联合起来，共同对付自己。

这一年8月上旬举行的编遣实施会议决定，各省政府主席不得兼任军职，各师长不得兼任政务官，会议宣言又强调，欲谋国权统一，应由军队统一开始，坚决实行"化私人军为党国军，化地方军为中央军"这种将全国军权集中于蒋一人之手、化全国军队为蒋家军的做法，威胁到阎的利益。

编遣实施会议，遭到各方反对，阎认为，此时反蒋，时机有利。

阎锡山主动约冯反蒋，冯玉祥欣然同意，两人商定仍以国民军名义兴兵讨蒋，以增强号召力。

冯玉祥电令宋哲元等克期举兵，阎锡山也派人和冯部将领接洽，商讨进兵方案，答应充分供应冯军粮秣等。冯军将领从编遣实施会议中看到了蒋介石排除异己的毒辣手段，就已酝酿讨蒋计划，现见阎锡山态度明确，大力支持，可以免除阎军抄袭后路之忧，于是，也就下定了讨蒋的决心。

宋哲元表面上不动声色，暗中调动部队，积极备战，同时，电告南京鹿钟麟等脱身出走。

此次讨蒋，冯、阎均未公开出面，以留回旋之地。10月9日，宋哲元等致电阎、冯，列数蒋介石罪状，表明他们出于被迫不得不起来反蒋。次日，阎、冯回电说：

"应从长计议，以求政治趋入正轨，仍望先行切实编遣，冀达诸同志救国之初衷，国事当由国人解决也。"以此来造成他们与反蒋无关的假象，掩护他们的幕后指挥。10月10日，冯部将领借庆祝双十节之机，誓师讨蒋，宋哲元、孙良诚、刘郁芬等27人联名通电，推戴阎、冯为讨蒋军总、副司令，宣布蒋介石6大罪状：假中央集权之名，行专制独裁之实，以天下为私；任用私人，贪污成风，开国正气，破坏无余；骄奢淫逸，榨取民脂民膏民血；诡计百出，制造战祸，使兄弟骨肉自相残杀；外标和平统一之名，阴行武力统一之实；中东路事件，坐令俄兵出没边境、焚烧城池，丧权辱国。通电最后宣布："蒋氏不去，中国必亡""即日出发，为国杀贼，万死不恤"。

冯玉祥潼关誓师讨蒋

冯军印发宣言，指明出师目的，专在打倒蒋中正一人，凡属袍泽，自要站在一道战线，均认为战友，荣辱均等。

冯军各将领公推宋哲元为本军总司令，孙良诚为前敌总指挥，10月11日，全军分路出发，向河南进攻。

同一天，蒋介石下令讨伐冯军，分路迎战。

战争初期，冯军士气旺盛，攻势猛烈，接连占领一些重要城池，宋哲元的总部也不断前移，13日由西安到潼关，24日进驻洛阳，而蒋军则取守势，处于被动状态。但自11月初两军进入决战以后，冯军逐渐失去优势，一些城镇得而复失。11月16日，蒋军占领登封，20日，进占洛阳。冯军主力退回陕西。12月1日，蒋军攻占陕州，战争以冯军失败而告终。

这次蒋冯战争，蒋军在财力、物力、兵力上都占有优势，而冯军又因冯被软禁而群龙无首，指挥不统一，且将领之间不团结，存在许多弱点，冯军失败在所难免，然而，冯军失败如此之快，却是另有原因——阎锡山的爽约和出卖。

战争伊始，蒋介石就于10月11日颁发命令，免去鹿钟麟等人的职务，以阎的部属代理军政部部长职务，同一天，南京政府以五院院长的名义致电阎锡山，请其就近负责处理西北问题。10月28日，南京政府任命阎为陆海空军副总司令。蒋介石拉拢阎锡山，以便集中力量攻打冯军。

阎锡山反复无常，不讲信义。冯军发动讨蒋以后，阎锡山看到冯军与蒋联合对己的威胁已不复存在，加上蒋的多方拉拢，给了不少好处，便背弃了与冯联合讨蒋的约定，出卖了冯军。

阎锡山始终没有表示反蒋，更没有出动队伍，反而促使本有反蒋之心的唐生智助蒋攻打冯军。当冯军勇猛进攻，蒋军被动难以支持之时，阎把冯军的军事机密报告给蒋方，10月15日又答复南京政府五院院长，表示对宋哲元等人的行动，当尽力制止，26日又公然声明，应以政治手段解决时局，并劝冯玉祥令所部停战，31日与蒋方代表何应钦等商讨解决西北问题方案，表面上声称和平解决，暗地里却布置压冯的措施。当蒋军发动攻势，冯军处境困难之时，11月5日，阎锡山宣布就任陆海空军副总司令，同时，在北平、太原等地召开"讨逆大会"，以表示完全服从中央。10日，太原各界又召开了庆祝阎锡山就任副总司令大会。随后，阎军与冯军处于敌对状态。

阎锡山以爽约和出卖的卑劣手段，换得了全国军职的第二把交椅——蒋介石赐予的副总司令。

软禁在建安村的冯玉祥，得知阎锡山爽约使所部20万官兵陷入绝境时，愤而绝食，以示抗议。冯玉祥又要求亲自到太原责问阎锡山，但被把守村庄的阎军跪地拦车挡回。

12月13日天津《益世报》刊载了蒋阎往来的电报，冯玉祥看到这张报纸后，才如梦方醒，知道了阎与蒋已有拉拢，明白了自己失去自由的原因——原来上了阎锡山的当。

后来，冯玉祥将阎锡山在发动这次反蒋战争的前后言行，如实披露给《泰晤士报》记者，平、津各外文报纸都刊登了这一新闻，阎锡山的人品为世人所知，更为同情冯军的人士所不齿。

其实，也不必过多地责备阎锡山，本来，军阀间的离合与敌友都是以个人权利为转移的，有利便有信义，无利即可背信，各个军阀都是如此，只不过阎锡山这次显得露骨一些而已。

吃了回头草

1930年1月初，冯玉祥在建安村秘密会见了鹿钟麟，令其回陕代理总司令职务，重整西北军。冯又用米汤在一本《三国演义》上给鹿钟麟、宋哲元等写了一封信，说道："你们一定要设法对付阎，能联合韩复榘、石友三一同动作更好，千万勿以我为念，而且只有你们这样做，我才能够有办法。"

鹿钟麟等遵照冯的指示，提出了"拥护中央，开发西北"的口号，并密派代表赴南京面见何应钦。鹿对他的代表说："蒋介石是我们的敌人，阎锡山是我们历史上的仇人；敌，可化为友，仇则不共戴天。"鹿的代表向何应钦表示，西北军愿意参加编遣，如果能给一批军火，还可以开往山西讨伐阎锡山。何应钦表示，只要西北军表明打阎的态度，马上可以得到中央的接济。蒋介石先后打败了李宗仁和冯玉祥，接着就要对付阎锡山，冯军既有讨阎的意向，正与他的"联甲制乙"政策相符，当然乐于同冯合力倒阎。

鹿钟麟与南京拉上关系后，又派人去河南与韩复榘、石友三联系，共同攻打山西。韩复榘致电鹿钟麟说，阎锡山好用权诈，搬弄是非，如不把他打倒，国家就不会太平。鹿复电对韩赞扬不已，并说："我弟如举兵入晋，兄愿听弟指挥。"石友三 1929 年末叛蒋后驻军新乡一带，正在伺机取得一个地盘，对于联合攻打山西，当然赞同。阎锡山得知这些消息，大吃一惊，感到对冯的软禁已不起作用，一旦冯军与蒋联合起来进攻山西，自己将要陷入十分不利的境地，为了摆脱危局，只得立即向冯表明联合反蒋。

阎锡山和蒋介石的矛盾，也是由来已久，只不过阎锡山善于权术，没有公开化而已。蒋的"削藩"政策和各个击破方针，阎看得清清楚楚，打败李、冯之后，下一次一定会轮到自己头上，而且冯的两次反蒋和 1929 年唐生智反蒋，他都参与幕后策划，其中内幕，蒋方不会不知，迟早要找他算账。阎认为，与其被动挨打，倒不如主动讨蒋。蒋介石为了削弱阎的势力，接收了天津海关和长芦盐运使署等税务机关，并拒绝支付平津卫戍司令部辖区所需的军政费用，使阎十分恼火。同时，阎锡山也有同蒋介石争夺天下第一的野心，与蒋的矛盾无法调和。再加上各派反蒋势力的代表也都云集太原，拥他带头反蒋，这种局势，也正可利用。

1930 年 2 月 27 日，间锡山亲往建安村看望冯玉祥，二人见面又抱头痛哭一场，过去的"误会"，涣然冰释，彼此表示："同生死，共患难，反蒋到底"，并歃血为盟。28 日，阎锡山乘车将冯接到太原，设宴款待冯及其夫人李德全。阎冯商讨了共同反蒋的计划，阎把事先拟好的讨蒋电文念给冯听，征求冯的意见，冯听后拍案连呼："痛快呀！痛快呀！这真是一篇理直气壮的好文章。"当天，阎冯和各派反蒋势力的代表共 30 多人，举行了军事会议，通过了筹措军费、征发粮秣、联络友军、策动中立军队反蒋、太原兵器厂赶制械弹、阎冯两军全力进攻平汉津浦两线等决议，反蒋各军大联合基本形成。

阎冯决定联合反蒋，冯也表示只要阎领导反蒋，自己愿唯命是听，拥阎为全国军政领袖。但阎觉得过去对冯欺诈太甚，恐冯难忘前嫌，不肯痛痛快快地放冯回陕主持军事，而是犹豫不决。经过反复交涉，阎才同意冯离晋回陕，3月8日，冯及其随行人员秘密离开，李德全和他们的女儿仍留住太原，实际上成为阎的人质。

冯阎二人也曾结拜为"把兄弟"，冯临行前，阎态度"诚恳"地对冯说大哥来到山西，我没有马上发动反蒋，使大哥受些委屈，这是我第一件对不起大哥的地方；后来宋哲元出兵讨蒋，我没有迅速出兵响应，使西北军受到损失，这是我第二件对不起大哥的地方。现在我们商定联合倒蒋，大哥马上就要回到潼关，发动军队。如果大哥对我仍不谅解，我就在大哥面前自裁，以明心迹。大哥回去以后，倘若带兵来打我的话，我绝不还一弹。从今以后，晋军吃什么、穿什么、用什么，大哥的军队也吃什么、穿什么、用什么，一律同等待遇，绝不歧视。此心眈眈，唯天可表。"阎立即给冯50万元现款、200挺花筒手提机枪、2000袋面粉，作为欢送的礼物。冯当即慨然表示，对以往之事绝无芥蒂，此后彼此一德一心，共同倒蒋。

3月14日，冯玉祥抵达潼关，对他的高级将领们说："蒋介石是我们第一个敌人，我们现在必须联合阎锡山打倒蒋介石，等到蒋介石被打倒以后，阎锡山是容易对付的。"

同一天，第二、三、四集团军将领57人，通电请蒋下野，并列举了蒋的十大罪状。15日，又通电推戴阎锡山为中华民国陆海空军总司令，冯玉祥、李宗仁等为副司令。至此，冯阎联合反蒋由秘密筹划转为正式公开。

冯玉祥以前联阎反蒋，上了阎的当，吃了阎的亏，可是，这一次又再度联阎反蒋。俗话说，好马不吃回头草，冯玉祥却偏偏吃了这个回头草。他在潼关召开军事会议时，大多数高级将领都认为阎阴险奸诈，不可与其共事，只有首先把阎打垮，才能有巩固的西北根据地，立于不败之地，应当联蒋讨阎。冯却认为，最重要的是首先打垮蒋介石，而讨蒋就必须联阎，他说："你们不愿干，我和鹿钟麟两人一人一支手枪，也要和蒋介石打到底。"将领们见冯意已决，也只得表示服从。

冯玉祥对阎的背信弃义也是恨之入骨的，也并不想长期同阎合作，他的策略是先拉阎打蒋，把蒋打倒之后，回过头来再收拾阎，因此，他再次与阎合作，也是一种权宜之计。

个人利害的需要，是军阀离合的基础，只要需要，回头草也是要吃的。

冯玉祥决心联阎讨蒋，义无反顾。冯抵潼关后，接到吴稚晖由南京发来的电报，劝他摒弃干戈，以艰苦卓绝之精神努力建设，他亲拟电文回复："顷接先生元电，回环读之，不觉哑然失笑。假如玉祥不自度量，复先生一电，文曰：'革命 60 年的老少年吴稚晖先生，不言党了，不言革命了，亦不言真理是非了，苍髯老贼，皓首匹夫，变节为一人之走狗，立志不问民众之痛苦，如此行为，死后何面目见先总理于地下乎？'等语，岂不太不好看乎？请先生谅之。"以嬉戏之笔嘲骂了吴稚晖，也表明了毫不妥协的反蒋态度。

3 月下旬，冯玉祥在潼关组成了陆海空军副总司令部，决定所部分别由陕、甘、宁、青陆续向河南进发，分路进击平汉线和陇海线；集中各部骑兵编为骑兵集团军，配合步兵作战；以刘郁芬为后方总司令，负责陕、甘、宁、青一切后方事宜；全军 26 万余人，全部开往前线，破釜沉舟，与蒋决战。

此时，河南省主席韩复榘看到冯玉祥发动讨蒋，河南势将首当其冲，他不忘与冯之间的旧情，又怕部下倒戈投冯，因而不愿也不敢与冯军作战，但又不愿附冯打蒋，便向蒋介石请求率部到山东境内抵御阎军，蒋准其请，他乃率部东撤。所以，冯军得以兵不血刃，顺利地占领了洛阳、郑州等重要城市，万选才部乘势东进，旋即进占开封、归德，万即接任河南省主席。

4 月 1 日，冯玉祥在潼关就任陆海空军副总司令职，任命鹿钟麟为前敌总司令，进驻郑州部署前方军事，各路大军陆续东下，中原大战拉开帷幕。

兵马战犹酣

1930 年 4 月 1 日，阎锡山在太原就任陆海空军总司令职，李宗仁也在桂平就任副总司令职。

4 月 4 日，蒋介石以国民政府名义下令免除阎锡山本兼各职，并通缉拿办。6 日，国民党中央执委会常会议决，永远开除阎锡山党籍。中原大战正式开始。

中原大战沿陇海、平汉、津浦三线及其附近地区展开，反蒋联军的作战方略是：冯军担任河南境内陇海、平汉两路作战任务，东进徐州，南下武汉；阎军担任山东境内津浦、胶济两路作战任务，与冯军会攻徐州，然后沿津浦路南下，直捣南京；桂军出兵湖南，北上武汉；石友三部以主力进攻济宁、兖州，以一部协同阎军会攻济南。

蒋军以韩复榘部拒守黄河南岸，阻截津浦路阎军南下；刘峙所部分别布防徐州、砀山、宿县；何成浚部布防平汉路许昌以南各地；陈调元部和马鸿逵部布防鲁西济宁、曹州，以拒止石友三部；杨虎城于1929年叛冯投蒋，所部警戒河南南阳；范石生部警备鄂北襄樊一带。

4月中旬，冯军各路分别进至平汉路以西的淅川、内乡、叶县一带和陇海路西段的洛阳、郑州一带；阎军一部经郑州转往兰封一带；津浦线方面的阎军向德州、济南进击。

5月上旬，阎冯联军在陇海路发动攻势，分路东进。但蒋军来势甚猛，并有空军配合，激战数日阎冯联军节节后退，一部退往亳州，一部退至归德附近。蒋军乘胜进攻，5月15日，蒋介石亲赴前方督战，围攻归德。阎冯联军因刘茂恩倒戈投蒋，造成极大混乱，归德等地落入蒋军之手，人员也遭受一定损失。

蒋介石在归德争夺战中得手之后，便亲到归德督战，以刘峙的主力部队猛攻兰封，因阎军奋力固守，攻取不下，又以陈诚所部由陇海路南侧挺进，使阎军右后受到威胁。冯玉祥见战情紧急，从郑州调出孙良诚部投入战斗，又派吉鸿昌率部协同孙部作战。孙、吉二人素以骁勇善战著称，所部又是刚加入战斗的有生力量，一经接战，便给陈诚所部以巨大杀伤，几度将其包围。陈诚被迫节节后退，孙、吉乘胜追击，同时，全线其他各部也有进展。经十余日激战，蒋军全线动摇，6月上旬，蒋军开来援兵，才在定陶、曹县、民权、河阳集一线稳定下来。

在双方激战之时，郑大章指挥的冯军骑兵活跃在永城、夏邑一带，给蒋军后方以极大威胁，牵制了蒋军不少兵力。5月31日，蒋介石在归德的朱集车站指挥作战，指挥部设在列车上。郑大章率骑兵千余人，夜间疾驰八十余华里，奇袭归德飞机场，烧毁飞机12架，俘虏机师及地勤人员50余人。蒋的指挥部只有200名卫兵，在高级参谋陈调元指挥下，部署在车站周围，密集射击。郑部骑兵误认车站有蒋军大部队兵力，更不知蒋就在列车上，加之夜间不便大举进攻，故没有攻击朱集车站就撤了出来。蒋的秘书周佛海事后回忆说："当我们在归德的时候，有天晚上，我从梦中被枪声和很大的爆炸声惊醒，只听见侍卫长王世和大声呼道：'火车头呢！'因为不预备开车，所以离开了火车头，当时火车欲开不得，枪声响了半小时始息。后悉是冯玉祥的骑兵郑大章部来袭击飞机场，他们的任务是烧了飞机就回去，谁知我们车上只有200多卫兵，车站上又没有其他军队，如果骑兵到达车站，主帅以下都要被俘，那么，那个时候以后的历史又是一个写法。"

平汉线方面，5月16日，蒋军何成浚部发动总攻击，北向许昌一带进逼。6月4日，冯军许昌守将樊钟秀被蒋军空军轰炸阵亡，冯派邓宝珊接替，并亲赴许昌安定军心。同时，派孙连仲部前来增援。此时，桂军已北上进入湖南，6月5日占领长沙，8日进占岳州。冯玉祥为配合桂军作战，6月10日，下令向平汉线蒋军发动全线进攻，激战两昼夜，蒋军纷纷向南溃退，冯军进至漯河一线，即停止追击。冯玉祥认为桂军已退出长沙，即使冯军南下打到武汉，对桂军也起不了支持作用，主张在陇海线上集结兵力，针对蒋军主力作战，于是，在平汉线上便没有乘胜追击，扩大战果，这是战略上的一大失误。

桂军未能得到冯军的有力配合，又被粤军陈济棠截断后路，再加内部矛盾，后方不稳，7月退回广西。

蒋介石在陇海、平汉线两度受挫，便在幕后策动了一个"和平运动"，由于右任、李石曾等人出面，致电汪精卫，建议召开国民党临时全国代表大会，以解决党内纠纷，被汪拒绝，李石曾又在沈阳活动，敦请张学良出任调入，6月中下旬，张连续致电阎、冯，提出将郑州、开封一带划为缓冲地带，撤退前线各军，立即停战。反蒋联军正处于有利形势，蒋介石的"和平运动"阎、冯没有理睬。

蒋介石在发动"和平运动"的同时，又在陇海线发动了新的攻势，以刘峙、蒋鼎文、陈诚等部3万余人，由杞县、太康之间攻入，企图奇袭开封。冯玉祥也正想在陇海线上再创蒋军，便将计就计，部署了一个"口袋"形的包围圈：令孙良诚、庞炳勋、吉鸿昌等部迅速后撤，闪开杞县、太康一线，诱敌深入，之后在正面堵击；令孙连仲、张自忠部向蒋军左侧背兜抄；依靠陇海路上阎军截堵蒋军右侧；由孙殿英部扰乱蒋军后方。蒋介石侦知冯军调动的密电后，立即变更部署，使冯的"口袋"形包围计划未能全部实现。但是，冯军在 3 昼夜激战中，给蒋军以重大杀伤，并缴获一百余辆汽车和大批辎重。

津浦路方面，5 月，阎军进入山东境内，蒋军韩复榘部一路后撤，6 月 25 日，阎军占领济南，韩部向胶济线方面撤退。阎军一部沿胶济路东进，至高密县与韩部激战；另一部沿津浦路南下，至曲阜、兖州一线与蒋军对峙。7 月上旬，蒋介石调兵增援津浦线，并调海运部队在青岛登陆开往胶济路。7 月中旬，蒋军发动反攻，津浦、胶济两路的阎军节节后退。阎锡山为摆脱被动局面，派代表携带大批现款、弹药和面粉到郑州见冯，请冯在陇海线发动大规模攻势。

8 月 6 日，冯玉祥在陇海线发动了大规模的攻势，兵分七路，以徐州为目标，奋力东进，要求各将领"本破釜沉舟之决心，与敌作最后之角斗"。冯军昼夜奋战，猛力推进，蒋军岌岌可危。但是，连日大雨不停，士兵在泥水中战斗，过度疲劳；阎军也未予紧密配合，并违背事先约定，未能提供给养和军火援助，蒋介石则以重金激励官兵固守阵地。这种情况，使冯军攻势受阻，对津浦线上的阎军未能起到支持作用，8 月 15 日，阎军退出济南，撤往黄河以北，蒋军从津浦线抽出兵力转用于河南战场，冯军攻取徐州的计划落空。冯玉祥面对这种局面，十分痛心，感到阎锡山缺乏合作诚意，"这个老弟真不是好东西"。

阎锡山与汪精卫等人在北平召开临时会议

中原大战进行当中，8月6日，反蒋各派在北平召开了"国民党中央党部扩大会议"，以汪精卫的改组派为主，同时有西山会议派和阎、冯的代表参加，组成了以汪精卫为首的7人常务委员会，决定组织中央政府，筹备召开国民会议，起草约法，并按照汪主党、阎主政、冯主军的分工，推定阎锡山为中央政府主席。9月9日，阎锡山在北平就职，成立了与南京政府相对抗的又一个国民政府。

反蒋联军津浦线上济南的得而复失和陇海线上8月攻势的受阻，成为整个战局的重要转折点，冯、阎军由主动转为被动，蒋军由被动转为主动。

蒋介石将津浦线的大部精锐部队分别调到河南境内的平汉、陇海两线，8月24日，悬赏各军，先占领巩县者赏洋20万元，先占领洛阳、郑州者赏洋100万元，9月6日，开始总攻。冯玉祥令宋哲元部撤退洛阳一带，以保持通往陕西的归路，大部分部队则缩短防线，集结在郑州周围，与蒋军对抗。同时，致电阎锡山，要求阎军以大部兵力进攻济南；以少数兵力牵制津浦线方面敌军，其余进攻陇海线上的归德；抽出2万以上兵力运抵郑州。冯玉祥希望在阎军配合下，挽回被动局面。但是，阎锡山保存实力，却密令陇海线阎军全部退到黄河以北，使冯军形成孤立难支的形势。

正当反蒋联军处境困难之际，本来表示中立的张学良，9月18日通电各方罢兵，"静候中央措置"，第二天，东北军入关，形势急转直下，反蒋联军败局已定。

9月22日，北平扩大会议的一伙人撤到太原，10月28日公布了一个约法草案，随着反蒋军事的失败，便纷纷逃离太原，11月1日，汪精卫也离开太原去天津，后去香港。热闹一时的扩大会议，烟消云散。

10月初，东北军接收了平津及河北省政权，这一地区的阎军不作任何抵抗，10月中旬，退往山西。

张学良的通电发表后，冯玉祥仍想集中兵力，固守郑州。但陇海线上的阎军已撤向黄河以北；庞炳勋、孙殿英等部纷纷自由行动，随阎军向黄河以北撤退；石友三表示拥护张学良，叛离冯、阎；9月下旬，冯的骁将吉鸿昌倒戈投蒋，梁冠英等也通电附和；反蒋联军中的杂牌部队也纷纷土崩瓦解。河南军事陷入不可收拾的境地，不得不全线退却。又因防守洛阳的兵力有限，

9月17日，蒋军杨虎城部攻到洛阳附近，冯军西撤回陕的路已被切断，只得向豫北撤退。

10月3日，蒋军攻占开封，6日进入郑州。冯军全线崩溃，一部分由宋哲元率领从洛阳退往潼关以西，另一部分则退至豫北和晋南。10月下旬，战争基本结束。11月4日，阎冯联名致电张学良，声明即日下野，释权归田。

历时半年之久的中原大战，双方投入兵力100多万，消耗军费5亿多元，战火波及20多个省，30万官兵葬送性命，无辜百姓的生命财产遭受严重损失，尤其给中原人民造成空前的灾难。

瓦解与受挫

中原大战接近尾声之际，蒋介石将收拾华北局势的主权交给了张学良。阎锡山虽然下野避居大连，但他的部队已退回山西，原有的老巢并未丢失，经张学良之手，阎军被改编为4个军共8个师，另有一个护路军，一部分实力保留下来，成为他以后再起的资本。

冯军也企图改编为10个师，以豫西和陕、甘两省为驻区。但冯军已失去了陕、甘等根据地，一些部队已投蒋，一些被围困的部队已表示愿意缴械，蒋介石便不允许冯军集团继续存在，而将其化整为零、肢解吞噬了。

张维玺部在新郑被围，经劝降，全部解除武装，张辞去军职后，赴天津隐居。孙连仲部退至豫北焦作一带，投蒋后改编为第二十六路军，先开往山东济宁一带整编，后开往江西参加"围剿"红军。

张自忠、刘汝明、赵登禹等残部退往晋南，受张学良改编为第二十九军，以宋哲元为军长。

刘郁芬离开西安逃到山西，所部被杨虎城缴械，刘派人和蒋介石联系，被任命为军事参议。

吉鸿昌部被改编为第二十二路军，调赴鄂豫皖边境；梁冠英部被改编为第二十五路军，调赴苏北；葛运隆部被改编为第三十三师，调赴湖北。

这样，冯军被缴械、改编、分割、隔离，作为一个军事集团，已完全瓦解、崩溃，不复存在了。

　　蒋介石先后打败了桂军、冯军和阎军三大军事集团，唯独冯军的结局是土崩瓦解，其中的原因是耐人寻味的。

　　中国现代的军阀，是军队、地盘和权势的集合体，三者缺一不可，军队是工具，地盘是依托，权势是目标。就此来说，冯玉祥是一个不合格的军阀。他着眼于权势之争，但在地盘和军队两个方面却出现了问题。

　　为了扩大权势，就要争夺地盘，冯玉祥、阎锡山和李宗仁等都是如此。但是，冯玉祥忽略的是建立一块进可攻、退可守的中心地盘。阎锡山有山西，李宗仁有广西，冯玉祥应该有陕西，然而，冯玉祥却缺乏这个观念，只想到胜利了将如何如何，没想到失败了应该有个退守之地，而没有以足够的兵力保证退路的畅通，以致绝大部分兵力回不了陕西。没有巩固的地盘，部队没有集结固守之地，也就失去了与蒋介石讨价还价的起码条件，任凭蒋介石随意处置了。

　　冯军与蒋军及其他军阀部队，在本质上没有区别，不过，冯军饷械奇缺、官兵穷苦，却是突出的特点。士兵是吃粮当兵，长官是享乐荣升，而冯军的官兵却是长期得不到这些。军阀部队，没有这些，也就没有凝聚力。所以，冯军一遇到蒋介石的银元、官位，便纷纷倒戈，即使不给银元、官位，也不愿再过苦日子，而乐于接受改编了。当然，桂军和阎军也有被收买投蒋的，但为数不多。冯军大批投蒋，是穷苦造成的。

　　冯军瓦解，冯玉祥失去了与蒋介石争夺的实力，从军阀权势之争来说，并不是一件好事。但是，对冯玉祥本身来说，失去军权，不再参加军阀混战，由一方统帅变成平民百姓，可以冷静下来思考一些问题，未尝不是一件好事。

　　蒋介石在一连串军阀混战中，打败了所有对手，包括冯玉祥这样实力很强的对手和阎锡山这样老谋深算的

蒋介石在南昌指挥围剿红军

1931年被红军活捉的国民党前敌
总指挥、第十八师师长张辉瓒

对手，以实力为基础，稳固了在国民党中的统治地位。

蒋介石踌躇满志，不仅在国民党内稳握权柄，还要在全国范围内一统天下，幻想像军阀混战那样战胜他另一个对手——中共领导的工农红军。

中原大战刚一结束，1930年12月，蒋介石就调集10万人马，向仅有4万人的中央红军发动"围剿"。红军诱敌深入，退却到根据地，龙冈一仗，活捉敌前线总指挥张辉瓒，5天内连打两个胜仗。蒋军损失1.5万人和1.2万件各种武器，第一次"围剿"失败。

战后，毛泽东填词记述红军这次反"围剿"的胜利，写道：

> 万木霜天红烂漫，
> 天兵怒气冲霄汉。
> 雾满龙冈千嶂暗，
> 齐声唤，
> 前头捉了张辉瓒。

1931年4月，蒋介石调集20万人马，采取"稳扎稳打，步步为营"的方针，从赣江到福建建宁形成弧形战线，向中央红军再次发动"围剿"。红军仍然诱敌深入，并先打弱敌，东同一仗告捷，接着，由西向东横扫700华里，连打5个胜仗，歼敌3万余人，缴枪2万余支。蒋介石的第二次"围剿"，又告失败。

战后，毛泽东又填词一首，写道：

七百里驱十五日，

赣江苍茫闽山碧，

横扫千军如卷席。

有人泣，

为营步步嗟何及！

1931 年 7 月，蒋介石调集 30 万人马，自任总司令，向中央红军发动第三次"围剿"。红军采取"避敌主力，打其虚弱"的方针，奋战两个半月，毙伤俘敌军 3 万余人，缴枪 1.4 万余支。蒋介石的这次"围剿"，又以失败而告终。

中央红军三次反"围剿"的胜利，使赣南、闽西两块根据地连成一片，中央苏区人口达到 300 多万人，新生的工农民主政权蒸蒸日上、欣欣向荣。

蒋介石三次"围剿"的一再受挫，使其一统天下的妄想成为黄粱美梦。

蒋介石在各派军阀面前是强者，在工农红军面前是弱者，对手不同，结果也不一样。

五、辱国·卫国

日本发动"九一八"事变，武装侵华，不仅给中国社会以巨大影响，也使蒋冯关系发生重大变化。

以前，蒋冯分裂，战场鏖兵，那是为了权势之争。现在，政见不同，主张各异，却是辱国与卫国之争。

蒋介石从维护独裁统治出发，"安内"而不"攘外"，丧权辱国。

冯玉祥以民族大义为重，联共抗日，保土卫国。蒋冯之间，出现了一场个人私利与民族利益的政争。

"九月十八日来了日本兵"

"高粱叶子青又青，九月十八日来了日本兵，先占火药库，后占北大营。他苟中国军队好几十万，恭恭敬敬让出了沈阳城……"

一首民间小调，唱出了民众的哀怨、凄惨和悲愤之情。

1931年9月18日夜晚，日本关东军炸毁了沈阳北郊柳条湖附近南满铁路的一段路轨，却反诬中国军队破坏铁路、袭击日本守备队，突然向东北军驻地北大营和沈阳城发动进攻，制造了震惊中外的"九一八"事变。

东北军独立第七旅驻守北大营，日军发动进攻时，旅长王以哲不在营内，该旅参谋长赵镇藩回忆说：

9月18日白天平静无事，至晚间10点20分左右，突闻轰然一声巨响，轰动全城，事后知道是日军在柳条湖附近炸毁铁轨。不到5分钟，日军设在南满站大和旅馆的炮兵阵地即向我北大营开始射击，据情报，日军步兵在坦克掩护下开始向我营进逼。我向沈阳城内王以哲家打电话，王说，他去找荣参谋长研究。我一面命令全军进入预定阵地，一面用电话向东北边防军参谋长荣臻报告。他命令我说："不准抵抗，不准动，把枪放到库房里，挺着死，大家成仁，为国牺牲。"过了不久，我又打电话给荣，希望他改变指示，我说："这个指示已经同各团长说过了，他们都认为不能下达，而且事实上也做不到，官兵现在都在火线上，如何能去收枪呢？"荣臻仍坚持说："这是命令，如不照办，出了问题，由你负责！"我问他王以哲是否在他那里，他说："曾来过，已经回旅部去了。"后来得知，王在回旅部途中被阻折回。我见荣臻难以理喻，便命令各单位仍按原计划准备迎击敌军。

到了11点左右，北大营四周枪声更密，犹如稀粥开锅一样。这时荣臻又来电话问情况，我报告说，敌人已从西、南、北三面接近营垣，情况紧急，把枪放进库内办不到，并向他建议将洮南的第二十旅调来。他仍说不准抵抗，并说调二十旅已来不及了，你们必要时可以向东移动。

深夜2时许，敌军已迫近营垣四周的铁丝网。我鉴于情况危急，便决定从南、北两面出击，以掩护非战部队由东面撤退，激战至3点多钟，已伤亡中校以下官兵290多人，南面、西面的敌人也突入营垣，旅部前后都发现了敌人，我始下令突围。

19日清晨5点多钟，我军撤退到东山嘴子，3天后转移到山城镇。王以哲来到这里，决定转移到锦州候命，王换便装先走，部队由我率领，到锦州不久，即离开东北，开进了山海关。

关于日军侵占沈阳的实况，当时任沈阳市公安局督察长兼公安总队长的熊正平，事后作了如下追述：

9月19日，日军攻占我沈阳市商埠地及大小西关，这些地区的各警察分局及公安分队与日军接触后，颇有伤亡，余部集中东关公安总局及公安总队部。20日，日军继续攻占我大小北关和大小南关，日军飞机不时在空中侦察，有时扫射，居民有些伤亡，并有坦克在街上纵横驰骋；下午，日军占领了沈阳兵工厂及东塔飞机场。21日夜间，沈阳各城门及东关公安总局、公安总队部大门，先后被日军坦克攻开，守门公安队颇有伤亡。在总局及公安总队部集中的员警及官兵，以分局分队为单位由后门退出，连夜经新民向锦州集中待命。22日，伪自治警察局成立，以维持秩序为名，实际上是执行伪政权的权力。

日军在进攻北大营和沈阳的同时，又在其他各地发动进攻，从9月18日至25日的一周内，占领了辽宁、吉林两省30座城市，并完全或部分控制了12条铁路线。

1931年9月19日，日本军人在张学良官邸抢运物资

日军侵占长春的情况，时任东北边防副司令长官公署卫队团团长冯占海，作了如下记述：

"九一八"事变时，东北边防副司令长官兼吉林省政府主席张作相，因父殁回锦州治丧，由参谋长熙洽代理军政大权。

事变当时，长春驻军有吉长警备司令兼第二十三旅旅长李桂林所部。沈阳事变发生后不久，李桂林即奉熙洽命令，该旅除傅冠军一个营留驻二道沟外，其余全部避往双阳县境内。此时长春南岭尚驻有第二十五旅第五十团团长任玉山、炮兵第十团团长穆纯昌等部。

9月19日拂晓5时许，日军驻长春的多门师团的部分部队即向我铁北二道沟傅冠军营袭击，该营自发应战，营长傅冠军身受重伤，因敌众我寡，部分官兵被缴械，部分官兵撤出防地。

同时，又有一部日军向南岭穆纯昌炮兵团和任玉山步兵团偷袭围攻，部分官兵起而应战,激战数小时,互有伤亡。后来接受熙洽命令撤退,炮兵团退往市郊新立城一带,以后由穆纯昌率领投敌;步兵团有两个营撤至麦子沟一带,后来参加了抗日军。日军得手后又分头向长春市各机关进袭,长春遂于19日陷于敌手。

关于日军进占吉林省垣吉林市的情况,冯占海回忆说,由于熙洽叛国降日,命令驻军撤出城外,9月23日,日军不战而得吉林市,接着成立了伪政权吉林省长官公署,熙洽出任长官。

日军占领辽宁(除辽西)、吉林两省后,即向黑龙江省进犯,11月19日,占领黑龙江省垣齐齐哈尔。接着又掉转矛头进攻锦州,占领了山海关以外的全部辽西地区。熊正平记述了日军侵占锦州的实况:

> 12月初,南京国民政府派顾维钧与日本大使交涉,双方决定划锦州为中立区,命令驻辽西的东北军撤至山海关内,留我率公安骑兵,三个总队维持锦州一带的治安,防守大凌河岸,并约定日军不过大凌河,听候国联调查团前来调查解决东北问题……留在锦州的武力只有我率领的公安骑兵3个总队,高级人员只有省府秘书长黄剑秋、警务处长黄显声及其秘书刘澜波等。12月下旬,我派公安骑兵第三总队防守大凌河南岸,以第一、第二两总队驻锦州附近。旋接情报,知日军以第八师团集中皇姑屯、马三家子一带,准备了12辆火车,拟向锦州、山海关进攻。黄显声即用电话报告张学良,张指示说,不遭攻击,不准撤退,如遭攻击不能抵御时,可率3个总队退入关内。
>
> 1932年1月2日,日军第八师团先头部队到达大凌河东岸,向我军展开包围攻击,并分别在3个地点用炮火掩护步兵实行强渡。我守河岸的第三总队开枪还击,双方互有伤亡,敌军最先渡河的7人被我军擒获。时已天黑,我军又无重武器,难以固守,遂向城内撤退,至城内时,已经夜半。黄显声率省府人员退至城西20里的杨官屯,我仍驻城内。后半夜2时,日军开始攻城。4时,我命令炸毁女儿河铁桥,保护省府人员向虹螺岘、锦西撤退。1月3日早10时,日军飞机9架至虹螺岘

上空侦察，我全部人马在山坡森林中隐蔽，未受损失。1月4日，日军派古贺骑兵联队向锦西方向来追，我全部人马退至锦西的西南大山中。

1月10日，我率公安骑兵3个总队退至河北省抚宁，日军进至山海关外前所车站即不再前进。

日军占领锦州和辽西地区后，又将进攻方向转到北满夺取哈尔滨。这时哈尔滨是东三省特别行政区官署所在地，是北满的政治、经济中心，是中苏共管的中东铁路的总枢纽。2月5日，日军占领了哈尔滨。至此，经过4个月零十八天，日军占领了整个东三省。

"九一八"事变时，东北的中国军队虽然没有"好几十万"，但精确的数字，也有19万人之多，即使扣除事变后由辽宁退入关内的5万人，也还有14万人之众，而驻扎东北的日本关东军只有1万多人，加上从朝鲜开来的一个旅团，总共也不过1.5万人。中日兵力如此悬殊，而短短的几个月，就丢弃了东北近百万平方公里土地，使3000万同胞惨遭日本铁蹄的蹂躏和践踏，民众的哀怨与愤懑是可想而知的。

中国的民众不明白：中国的军队为什么不抵抗呢，难道东北不是中国的领土吗？

不抵抗主义和它的背后

不抵抗主义，葬送了东三省。

不抵抗主义的执行者，是张学良。不论有多少理由，也不管有多少苦衷，作为一方统帅，置东北民众和土地于不顾，眼睁睁地放任日军践踏，张学良是难辞其咎的。

不抵抗主义的发明者，是蒋介石。蒋介石是放狼入室的罪魁，是丢弃东三省的祸首。

早在1931年7月，日本制造万宝山事件，侵华意向已充分显露之时，蒋介石就命令东北军，对日军的挑衅，"不予抵抗，力避冲突"。

8月16日,蒋介石又致电张学良:"无论日本军队此后如何在东北寻衅,我方应予不抵抗,力避冲突。吾兄万勿逞一时之愤,置国家民族于不顾。"

"九一八"事变时,蒋介石由江西"剿共"前线密电张学良:"沈阳日军行动,可作为地方事件,望力避冲突,以免事态扩大。一切对日交涉,听候中央处理。"

9月21日,蒋介石回到南京,同党政军要人商讨了对日方略:"避免扩大战争,经由向国际联盟的申诉,获得公平的处断。"

22日,蒋介石向南京党员发表演说,阐明对日政策:"此刻必须上下一致,

1931年的张学良

先以公理对强权,以和平对野蛮,忍痛含愤,暂取逆来顺受态度,以待国际公理之判断。"

23日,南京政府发表告全国国民书:"政府现时既以此次案件诉之于国联行政院,以待公理之解决,故以严格命令全国军队,对日避免冲突,对于国民亦一致告诫,务必维持严肃镇静之态度。"

蒋介石的对日方针:军队避免冲突,国民严肃镇静——不抵抗,依靠国联压迫日本撤兵。

全国各界民众,对日本的武装入侵,义愤填膺,对蒋介石的不抵抗主义,强烈不满,空前规模的反日浪潮,势不可当;即使国民党和国民党军队,也有一

孙科

95

部分人违背蒋介石的意志，自动地起来抗日。

民气不可欺，但有时却可利用。国民党内各反蒋派系竭力攻击蒋介石，"九一八"事变前在广东成立的"国民政府"，以汪精卫、孙科、陈济棠、李宗仁等为核心，则乘机逼蒋下野，企图取而代之。

蒋介石处于内外夹攻当中——不抵抗主义遭到民众反对，党外的抗日民主运动，使其处于非常不得人心的被动地位；党内各派系的乘机压迫，又使其处境十分不利。

蒋介石见势不妙，重演故技，以退为进，再次宣告下野——辞去国民政府主席兼行政院长职务，此事发生在 1931 年 12 月 15 日。

蒋介石飞回了浙江奉化县老家，他的亲信还都在南京，仍然把持着军事、政治和经济大权，新任国民政府主席林森形同虚设，新任行政院长孙科面临财政、外交两大危机，一筹莫展，难撑局面，南京政府陷入一片混乱之中。孙科吁请汪精卫、蒋介石、胡汉民入京主持一切，蒋的亲信也乘机叫嚷促蒋复职。

蒋介石看到时机成熟，决定拉汪排胡，重新出山。蒋通过宋子文对汪说，只要与蒋合作，汪派人物可以全部进入南京政府。汪精卫也想通过与蒋合作，在南京政府中谋得权位。二人一拍即合。

1932 年 1 月 13 日，蒋介石由奉化飞抵杭州。16 日，汪精卫也由上海到达杭州。经过密商，二人达成权力分配协议：

汪主持内政外交，蒋负责军事。21 日，蒋、汪联袂入京。28 日，国民党召开临时中央政治会议，决定汪精卫出任行政院院长，宋子文为副院长；决定成立军事委员会，指定蒋介石、冯玉祥、何应钦、朱培德、李宗仁 5 人为常委（3 月 6 日蒋正式出任委员长）。

1 月 28 日，在历史上是值得记述的一天。蒋

陈济棠

介石重新上台，蒋汪合作，进行权力再分配，在这一天，日本在上海发动进攻，制造新的侵华事件，在这一天，蔡廷锴、蒋光鼐领导十九路军将士英勇抗敌，为时3个多月的淞沪抗战的起点，也在这一天。

蔡廷锴

蒋光鼐

蒋介石重新上台，不抵抗主义的初衷未改，他与汪精卫合作的第一件事，就是破坏淞沪抗战。

上海战端一开，南京政府不思抵抗，惶惶然于1月30日迁都洛阳。十九路军和张治中的第五军奋力抵抗，打得日军多次更换司令官而难以进展。蒋汪却密令中国海军保持"镇静"，通过何应钦电令十九路军航空队，"对日海军，绝不抛掷炸弹"，蒋介石指示十九路军"趁此收手，避免再与决战"。蒋介石反对增援淞沪抗战，让何应钦通令各部队，"各军将士非得军政部命令而自由行动者，虽意出爱国，亦须受抗命处分"。同时，蒋汪还断绝了十九路军的给养和军饷，截留各界民众和华侨的抗战捐款。抗战部队处于非常困难的境地被迫撤退。5月5日，《上海停战协定》签订，上海军民的抗战被彻底出卖了。

蒋介石的不抵抗主义，出卖了东北三省，出卖了上海抗战，难道他要甘心卖国、当一个日本卵翼下的儿皇帝吗？不，蒋介石雄心勃勃，不想做日本的傀儡，何况，他的外交重心在美、英一边，还有它们的支持呢。

蒋介石不抵抗主义的背后，蕴藏着不一样的东西。

《上海停战协定》一签订，蒋介石正式宣布了一项国策——"攘外必先安内"，把它作为处理对内对外关系的基本准则。他后来回忆说，"一·二八"淞沪抗战时，看到共产党在南方七省燃起的"燎原之火，有不可收拾之势"，国民党面临"两个战争"，为了挽救这种严重的危机，"我乃于淞沪停战之后，宣布攘外必先安内的政策。随即于 6 月 18 日，在牯岭召开豫鄂皖湘赣五省'清剿'会议，确定第四次'围剿'计划。"

此前，蒋介石就具有这种思想，并且加以宣传。

1931 年 7 月，日本侵华的意图已路人皆知，蒋介石面对即将入侵的日本和正在被他"围剿"中的工农红军，就明确表示："攘外应先安内，去腐乃能防虫""不先'剿灭赤匪'，恢复民族之元气，即不能御侮"。同年 11 月 30 日，又老调重弹："攘外必先安内，统一方能御侮，未有国不统一而能取胜于外者。故今日之对外，无论用军事方式解决，或用外交方式解决，皆非先求国内统一，不能为功。"

"攘外必先安内"定为基本国策之后，蒋介石更是大肆宣扬，一再诠释。

1932 年 12 月 14 日，发表演讲："我们的内政有两大毛病：一种是党及政府内部分裂，一种是土匪、赤匪在各地方扰乱，这使得我们国家分崩离析，国不成国。""'攘外必先安内'是古来之国的一个信条，如果内部不能安定，不但不能抵抗外侮，而且是诱致外侮之源。"

1933 年 4 月 6 日，蒋介石致电各将领："外寇不足虑，内匪实为心腹之患，如不先清内匪，则决无以御外侮""如我'剿匪'各将领，若复以北上抗日请命，而无意'剿匪'者，当以偷生怕死者视之""如再有偷生怕死，侈言抗日，不知廉耻者，立斩无赦。"

4 月 7 日训诫"剿共"高级将领："无论外面怎样批评谤毁，我们总是以先清内匪为唯一要务，如果不是这样，那就是本末颠倒，先后倒置。"

5 月 8 日，对军官讲话："只要能够正本清源，先将这心腹之患彻底消除，那么外面皮肤小病，一定不成问题，现在'剿匪'就是要来治疗心腹之患。""革命军当前的责任，第一乃是'剿匪'来安内，第二才是抗日来攘外。要晓得'剿匪'的工作，实是抗日的前提，要抗日就要先'剿匪'，能'剿匪'就一定能够抗日。"

蒋介石的心目中，中共领导的人民革命力量是"心腹之患"，日本的侵略势力是"皮肤小病"，"安内"第一，"攘外"第二，由此出发，产生了不抵抗主义的误国方针。

蒋介石是统治者的代表人物，懂得专政稳固的重要性，把个人专制放在高于一切的地位，不允许革命力量的存在，不允许党内有其他派别，只顾少数人的私利，无视整个中华民族的权益，使"攘外"成了一块空招牌。以中华民族一分子的标准来衡量，此时的蒋介石是不合格的。

蒋介石不抵抗主义的背后，还有一样东西，这就是浓重的民族失败主义。1933年4月12日，在一次讲演中说："无论如何，他的武器比我们的精良，技术比我们高明，我们在最短期间，是无法补救这两个重大的缺点的。"

1934年7月，对军官训话说："照军事的观点看来，我们现在真是没有立国的资格，不配称为现代国家！当然抵抗不了日本，当然要给敌人来压迫，欺侮！""他只要发一个号令，真是只要三天之内，就完全可以把我们中国要害之区都占领下来，灭亡我们中国！""现在我们整个国家的生命，民族的生命，可以说都在日本人的掌握之中……日本人要你几时死，就可以几时死，要占你什么地方，就可以占什么地方。"

日本吹嘘"皇军不可战胜"，蒋介石也确实认为日本的侵略是不可抗拒的。只着眼于武器和技术装备，而无视爱国军民的伟大力量，把本民族看得一文不值，不堪一击，蒋介石的"三日亡国论"，成为民族失败主义的典型代表。

"攘外必先安内"和"三日亡国论"，是蒋介石不抵抗主义的两大基因。

"非抗日不可，非收复失地不可"

"一·二八"事变爆发后，冯玉祥在南京举行的国民党中央会议上说："自从'九一八'那天起，我就说，非抗日不可，非收复失地不可，谁要是阻碍抗日，谁就是卖国贼。"

"九一八"事变发生时，冯玉祥因中原大战失败正避居山西省乡村。

抗战期间的冯玉祥

9月20日，从孔祥熙的电报中得知"九一八"事变消息后，肝胆欲裂，彻夜未眠，23日，发表通电，回复孔祥熙。

冯玉祥在通电中，严厉地批评蒋介石"专横暴戾，阴狠险毒，对民众则甘言欺骗，压迫宰杀；对舆论则操纵钳制，颠倒是非；对军队则纵横捭阖，利诱威胁；对外交则认贼作父，妥协屈服"，指出，敌人大肆武装入侵，"实由蒋政府历年压制民众，诚心媚外所致"，对于日本侵略，不设法抵抗，却听候国联"主张公理"，真是"无气骨无人格"，号召全国同胞"督促全国军队，开赴前线及各重要口岸，雪此无上之奇耻。"表示"誓死与全国同胞共赴国难，粉身碎骨，义无反顾！"10月21日，冯玉祥再次发表通电，提出了抗日救亡的13项主张：1.努力备战，充实国防，鼓舞军心；2.对有功人员，迅速查明起用；3.恢复党的民主制度，整饬党的纪律；4.首都迁于适当地点；5.恢复民众运动，保障人民自由，恢复民众组织，加以军事训练；6.厉行减缩政策，裁并机关；7.财政公开，实行预算、决算制；8.严订官吏渎职、贪污惩罚条例，以清吏治；9.拟定生产计划；10.严征累进所得税及遗产税；11.规定公务员最高薪和农工最低薪；12.制定社会保险法；13.改正教育计划，培养国家需用人才，并使人民有平等受教育机会。

冯玉祥在通电中再次明确指出，日本是帝国主义国家中最凶顽者，首先公然以武力侵略中国，而蒋家政府却唯恐得罪日本，采取了不抵抗主义。冯玉祥反对由国联来解决日本侵略问题，主张"自己的事应当自己干"，中国自己应该起来抵抗。

冯玉祥的对日态度和主张，与蒋介石迥然不同，严重对立，有着根本性的分歧。冯玉祥认为蒋介石及其南京政府是抗日救国的障碍，因此，"九一八"事变后，他就力促蒋介石"通电认罪，即行停职，听候国民公判"，号召民众"否认媚外政府",希望"促蒋下野以后,国人另组统一政府,以匡既往失,而救当前之祸",明确表示:"此时欲言救国,倒蒋;而救国之障碍不去举措,皆属徒劳。"11月16日,冯玉祥在一天之内写了13封信,分别寄给汪精卫、胡汉民、白崇禧、阎锡山等25人,提出蒋介石下野、实现国民党真正统一、产生健全政府等项主张。12月上中旬,冯玉祥又派部属持其亲笔信到全国各地拜访汪精卫、胡汉民等和一些社会名流,希望共同努力,产生健全政府,"救亡图存"。

蒋介石果然下野,冯玉祥喜出望外。蒋介石下野的第二天,即12月16日,冯玉祥分别给汪精卫、胡汉民、孙科、李宗仁、白崇禧及其他国民党人士写信,信中充满了欣慰之情,希望汪、胡等人领导全国人民,团结御侮,共赴国难。

冯玉祥认为,蒋介石已经下野,抗日障碍已除,团结抗战的局面即会形成,当胡汉民、孙科等电邀其参加国民党四届一中全会时,便决定离晋赴京。12月18日,冯玉祥离开他隐居的山村——山西省汾阳县浴道河村,到达汾阳县城,22日抵达太原。这一天,国民党四届一中全会已在南京开幕,冯玉祥对这次会议寄予热切希望。25日,冯玉祥满怀抗日爱国激情,一天之内,拟了三个提案,以"十万火急"的电报,发往南京四届一中全会,提出"以武力收复东北失地""以民众组织监督政府及军事机关并各地部队";安定军心,鼓励士气。

12月26日,冯玉祥离开太原,取道石家庄、丰台,转津浦路南下,29日到达南京。可是,国民党四届一中全会已在举行闭幕式,冯玉祥在即席演说中,说了汪、胡的不少好话,对他们寄予厚望。然而,汪、胡二人均未参加这次会议。冯玉祥为了和汪、胡共谋救国大计,12月30日又赶到上海,不料,胡汉民却去了广东,汪精卫则称病拒绝与冯见面,冯的希望落空。

1932年1月,蒋、汪合作,蒋介石重新上台,冯玉祥表示,既然"蒋与汪合作,我即与蒋合作",希望蒋、汪政府能扭转大局,实现"精诚团结,共赴国难"。

蒋介石和冯玉祥,在孔祥熙宅邸举行的宴会上见了面。这是二人自1929年2月分手后的第一次相会,蒋介石表示忏悔,向冯认错:"过去都是我作兄弟的过错,把国家闹到这样地步。可是大哥也有不对的地方,那就

在"一·二八"事变中被炸毁的商务印书馆藏书楼

是太客气，不当面指出兄弟的缺点。现在国难当头，我们必须精诚团结，才能挽救危亡。希望大哥随时指教，不要再客气了！"冯玉祥救国心切，为蒋的甜言蜜语所迷惑，认为蒋"似有真悔之意"，可以"与之合作如初，共赴国难"，逢人便说："蒋先生有了很大转变！"

"一·二八"淞沪抗战爆发，捷报频传，冯玉祥欣喜若狂，称赞十九路军是"抗日之先锋队"，并从各界人民对十九路军的积极支持中，看到了民众的力量："我们不要忽视了民众的力量""抗战没有民众的力量，抗战终会失败的""我们为了抗战，为了革命，都不要失掉民众，离开民众"。冯玉祥呼吁"政府应当尽量接济，并赶快派遣军队前往应战，以增强我方的战斗力，而予骄妄之敌以当头棒喝"，三番五次地向蒋、汪陈述支援十九路军的意见，又联合主张抗日的国民党上层人士提出"请政府增兵案"，但是，蒋、汪不予理睬，不作任何表示。冯玉祥在气急之中病倒了，念及前线将士，孤军无援，夜不能寐，2月中旬，又致电蒋、汪："第一，我是主张抗日的，我是军人，我应当多少带一点敢死的军队，到前方去打仗杀敌。如恐怕我带旧部不妥，即其他任何军队都行。第二，我身居军委会常务委员的地位，调不动任何部队，真是比坐监牢还不如呢！这样的有职无权，怎么能派遣军队上前方援助十九路军呢？第三，如第一项不允，我所有一切职务，全部辞去，仍作平民；如果允我，我虽有病，亦愿抬榇前方，指挥作战，遂我抗敌救国之志，以抒此心中不平之气也。"

冯玉祥以满腔的爱国热忱，急切焦虑的心情，企盼着蒋、汪回心转意，团结一致，共赴国难。冯玉祥率兵抗日的电报，犹如石沉大海，不见回音，眼前的一系列问题使他烦闷不解："一、为何不抗日？二、为何不援助十九路军？三、为何不增兵？四、为何军事委员会不负责任？五、为何军政各事均办不到？"

冯玉祥的"不解"终于解开了，当他得知十九路军忍痛撤离上海，蒋、汪政府准备同日本进行淞沪协定谈判的消息后，立时看清了蒋、汪的真面目：他们"借抵抗之名"，"大招军队，大购军械，大借外款，事事具备之后，乃对日签卖国条约"，根本就不想真正抵抗。

冯玉祥认为，蒋、汪政府与日本进行淞沪协定谈判，是向日本妥协的丧权辱国行为，他坚定表示："丧权辱国之事我必反对！坚决地反对！即或病愈，亦不到南京去！"

冯玉祥爱国有志，报国无门，一次次抗日主张，无人理睬；一声声爱国呼唤，不见回音；与蒋、汪合作，共同抗日的希望，成为泡影。

1932年3月23日，冯玉祥愤然离开徐州，24日抵达山东泰安，在泰山隐居下来，然而，一颗赤诚的爱国之心，却在系念着抗日救国大业。

蒋介石与冯玉祥之间，妥协与抵抗、辱国与卫国的分歧在延伸、扩大……

鬼子进关以后

蒋介石的不抵抗主义，把东北丢给了日本。1932年3月9日，日本把清朝末代皇帝溥仪放在"执政"座位上，成立了"满洲国"。

伪"满洲国"傀儡政权成立

蒋介石的不抵抗主义，破坏了淞沪抗战，上海军民以伤亡和失踪三四万多人的代价，换得的一纸丧权辱国的《上海停战协定》：中国军队只能留驻昆山、苏州一带，日军却可继续留驻上海。

蒋介石的不抵抗主义，助长了日本侵略者的气焰。日军得了东北之后，又把魔爪伸向华北。

鬼子进关了。

1933年元旦，日军在山海关制造事端，随即炮轰临榆县城。山海关驻军东北军何柱国部奋起还击，安德馨营全营300人力战殉国。但因孤军无援，未能抵住日本陆海空军联合进攻。1月3日，山海关和临榆县城失陷，日军大肆屠杀中国军民。

2月，日军纠集伪军共约10万人，分三路向热河进犯。热河省主席汤玉麟和驻军20万人弃地逃走。3月4日，日军先头部队128人，不费一枪一弹，侵占热河省会承德，仅10余日，热河全境沦于敌手。

3月上旬，日军进犯长城线上的喜峰口、冷口和古北口等军事要地，原西北军宋哲元部、晋军商震部和傅作义部、东北军王以哲部及中央军徐庭瑶部等，英勇抵抗，给日军以沉重打击。但又因孤立无援，5月，放弃长城各口，长城抗战归于失败。日军强渡滦河，进犯滦西地区，侵占冀东各县，战火逼近天津。

日军进关，蒋介石继续推行不抵抗主义。3月11日，张学良被迫引咎辞职，蒋介石任命何应钦为北平军分会代理委员长。何应钦贯彻蒋的对日妥协方针，取消了河北境内的义勇军、救国军等抗日组织，把蒋孝先的宪兵第三团派到北平，破坏华北人民的抗日运动。宋哲元等部在长城抗击日军，何应钦却派人向日方探询求和的条件，5月初，南京政府任命黄郛为行政院北平政务整理委员会委员长，负责对日交涉停战问题。黄郛在北平与日军秘密谈判，达成原则性协议。5月31日，何应钦派出代表与日军签订了《塘沽协定》。这又是一个丧权辱国的协定：它规定了中国军队"不得越过"延庆至芦台的平北到津北一线，不仅出卖了华北的大片领土，实际上也承认了日本侵占东三省和热河的"合法"性；它规定了划冀东为"非武装区"，中国不得驻扎军队，日军可以自由行动。这样，整个华北门户洞开，日军随时可以进占冀察和平津。

1934 年 4 月，日本外务省情报部部长天羽发表了一个独霸中国的声明，反对中国"利用其他国家排斥日本，反对其他各国援助中国"。对此，南京政府不敢驳斥。5 月，南京政府与日本达成华北与伪"满洲国"通车协议，后又恢复了通邮，等于默认了"满洲国"。

秋天，蒋介石口授了《敌手？友乎？——中日关系的检讨》一文，以反共求得日本的谅解，以妥协退让来制止日本侵略。文章明确表示："日本人终究不能作我们的敌人，我们中国亦究竟须有与日本携手之必要。"文章向日本说明，国民党的敌人是共产党，如果"国民党的统治不胜外力

日军在山海关附近设立的"王道乐土大满洲国"界碑

之压迫而崩溃"，共产党的势力就要"抬头"，而共产党是不会与日本妥协的；现在中国民族意识高涨，已不容国民党不抵抗而屈服，如果日本无休止地以武力侵占中国领土，国民党在民众运动压迫之下，不能不抵抗，相持下去，日本和国民党只能"同归于尽"，而得利的是中国共产党。文章希望中日两国当局对中日关系作一番"检讨"，打开"僵局"，免得"愈走愈趋绝路"，弄得双方"同归于尽"。

1935 年 1 月，日本外相广田发表外交政策演说，表示要实行"日中亲善，经济提携"的新方针，要和中国互派高级官员"访问"，以"调和感情""增进邦交"。蒋介石立即表示响应，汪精卫也声明"以和平的方法和正当的步调，来解决中日间之一切纠纷。"同时，南京政府派王宠惠访日，交换"亲善"意见，又宣布取消抵制日货法令，并改变了对日问题的宣传政策。5 月，为表示"调整邦交"的诚意，中日公使同时升格为大使。

蒋介石和南京政府的妥协退让，并没有阻止住日本的侵略步伐，就在中

日公使升格的同时，日本又制造了华北事变。

冯玉祥隐居泰山，心连抗日。

1932 年 4 月上旬，冯玉祥得知上海已经停战，南京政府要和日本签订停战协定，气愤地指出："政府屈服了，人民牺牲了！""和约订定，人民将益不自由"。4 月 27 日，在给蔡廷锴、蒋光鼐等人的信中说："因援绝之故，思痛退师，酿成今日之势，真可谓感触悲愤者也。"淞沪协定签订后，日本便抽调兵力转赴东北攻打抗日义勇军，冯玉祥在一封信中写出胸中的忧愤："榆关告惊，两相呼应，足征外交之失败，使暴日视中国政府真为无人矣！国事至此，愈不堪问。"冯玉祥以多种形式宣传抗日，"丘八诗"成了他有力的武器，下面是其中的一首：

外侮日侵，

上海大战，

不增援兵，

袖手而看。

日兵调走，

去增"满洲"，

杀我同胞，

日进不休。

他们平安，

去媚国联，

玩乐跳舞，

已忘国辱。

我不甘心，

都要说出：

打倒国贼，

复我国土。

事成为国，

不是为我，

事败我死，

甘心而已。

7月30日，冯玉祥在一封电报中再次批评了南京政府，并申述了自己的抗日主张："当权者不谋救国，且不许人民救国，既不以武力抵抗，并不许人民以经济抵抗。如此因循错误，不亡何待！""窃以救亡之道，在政府速下抗日讨逆最大决心，集中军队收复东北，恢复民众爱国运动，厉行经济绝交，组织全国义勇军，实行总动员，以与暴日作殊死战。宁战而亡，不使不战而亡，死里求生，方有不亡之道，民族存亡系于此举！"

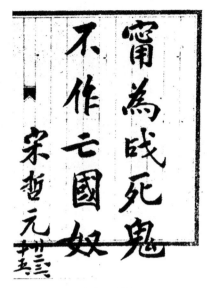

宋哲元誓词

宁为战死鬼
不作亡国奴
宋哲元誓

冯玉祥在泰山住了半年多，泰山虽好，但他的抗日主张却无法实现，加上山东省主席韩复榘与盘踞胶东的刘珍年发生战事，蒋介石支持刘珍年，打算调兵北上解决韩复榘，山东形势有变，也使他不能安居泰山，便决定离开这里，另找一个地方。9月间，南京政府任命宋哲元为察哈尔省主席。于是，冯玉祥决定到地处抗战前线的察哈尔，以实现自己的抗日主张。

10月6日，冯玉祥离开泰山北上，9日抵达察哈尔首府张家口。当天，领衔与国民党沪上各中委等15人发表通电，强烈指责了国联调查团报告书对日本侵略者的偏袒，郑重声明："挽救国难，在于积极抵抗；徒尔求助国联，实为民族自杀"。

12月15日，国民党四届三中全会在南京召开，冯玉祥因"近患感冒"未去参加，但仍与他人联合提出了援助义勇军以武力收复失地和救济农村两项提案。

鬼子进关，冯玉祥痛心疾首，他在日记中写道："日本占了山海关，中国人如同猪一般""实堪痛哭之事也。"热河又完了，这是"什么政府啊？！"

107

日军进犯热河

冯玉祥念及冰天雪地中的前方义勇军将士，心中焦急万分，毅然把自己在张家口的房产抵押出去，做了9万件皮坎肩，运往前方。

1933年1月7日，冯玉祥分别密电两广和上海国民党上层人士，呼吁"现在已至最后关头，非速图抵抗，不足以挽兹垂亡之局"，表示自己决心"与暴日作殊死战"，而"军需至急，盼分头发起捐募，以应急需。"冯玉祥在电报中提出："一、凡为民族独立而同情于抗日者，皆为吾友，应相互提携之。二、凡为亲日辱国以阻挠抗日者，皆为吾敌，应竭力攻击之。"这时，冯玉祥已决心依靠各方支持，特别是西南和上海方面的支持，发动旧部和民众武装，实地进行抗战。

早在大革命时期，冯玉祥就和中共人士有所接触和交往，得到过共产党人的帮助，中原大战失败后避居山西乡村期间，以及这次隐居泰山期间，和共产党人又有了更多更密切的接触，并研读了许多马克思主义著作和革命理论，思想上发生了很大变化，走上了与共产党合作共事的正确轨道。现在，冯玉祥决心抗日，又向共产党正式提出要求，派干部和他一起筹划组织抗日队伍。于是，一些做军事工作和政治工作的中共干部到了张家口，中共党员宣侠父也以南京政府高级军事参议的身份来到察哈尔，他们与冯携手组建抗日同盟军。

冯玉祥的抗日主张，不合蒋介石的口味，冯玉祥准备武装抗日的行动，引起蒋介石和南京政府的焦虑和恐慌。1月，南京方面以"协谋御敌""共图大计"等理由，屡电劝冯回京。冯玉祥回电指出，倘若蒋介石先生有决心抗日，就应立即兴师，以未死之人心，复已失之国土。冯玉祥在25日的复电中拒绝进京，说明"榆关已失，热河告急，外交折冲，早陷绝境，此诚全国奋起抗战之时",并提出"当前最切要"的十二条办法,以纾国难,其中包括:"组织统一指挥之军事机关,统筹抗日军事之全盘计划;立即调遣精锐部队,开赴热河、滦州等处最前线,严密布防,相机进击;派兵防守河北、山东、江苏各海口,以防日军扰乱;准备充实之预备军,分驻于山东、河南、河北、察哈尔,以厚兵力;派专员设置兵站于大军行经各地,以源源接济给养,免向民间勒索;义勇军之一切子弹饷糈,应予以充分接济;恢复各种民众组织,加以军事训练"等。

1月至4月,蒋介石和南京政府还先后派出多人到张家口游说,诱冯进京,并以监察院院长、黄河水利委员会委员长、全国林垦督办等职相许。冯玉祥对来人说:"蒋介石如决心抗日,当然可以合作,根本谈不到做官的问题。""谁要是亲日妥协,谁就是我的敌人,决无合作之可能。"此时正是长城抗战紧张时期,冯玉祥对蒋派来的人说"华北局势更紧,不但本人不应南下,蒋及中央要员皆座谈抗日之时,只有大家上前线一拼。"冯玉祥在另一次会见中,对来人又说:"蒋若不认识过去之罪,痛改前非,与民更始,谁敢往南京去!"

冯玉祥武装抗日决心坚定不移,表示:"宁为抗战而死,也不愿离开此地。"

随着日军入侵的深入,蒋冯的分歧也日益加深,从对日主张的不同发展到实际行动的相悖,察哈尔抗日同盟军兴起之后,妥协与抵抗,更加泾渭分明。

泰山,离而复归

1933年8月17日,冯玉祥回到了阔别10个月之久的泰山,在五贤祠住了下来。

冯玉祥此次重归泰山,途经济南时,在8月16日的晚餐会上说:"我看中央实际并没有抗日的决心,中央政府对抗日同盟军不但不予以接济,反而以重兵、飞机、大炮相压,接着又断绝交通,实行经济封锁。最令人痛心的是与日军商定会攻察省。我们处在这种情况之下,兵疲力微,械窳弹缺,已没什么可说的了,只得收缩军事,离开察省⋯⋯

冯玉祥的一番话，道出了他离开察哈尔抗日前线、再居泰山的苦衷，也使他和与会者勾起了对察哈尔抗战的回忆与沉思。

1933 年 3 月，日军侵犯长城各口遭到阻击之后，一面进犯滦东地区，一面进扰察东，4 月 29 日侵占多伦。

5 月 24 日，盘踞多伦的日伪军南侵，进占涞源，察省形势益行危急。张家口军民各界及各地区代表，都认为时机迫切，武装抗日已刻不容缓，共同协商，组织民众抗日同盟军，公推冯玉祥为总司令。26 日，冯玉祥通电就职。

电文揭露日军侵华野心后，批评了蒋介石的不抵抗政策："政府始终无抗日决心，始终未尝制定并实行整个作战计划""迩者，长城全线不守，敌军迫攻平津，公言将取张垣。不但冀察垂危，黄河以北，悉将不保。当局方以忍辱负重自欺，以安定民心欺人。"

电文说明了全国各界的抗日要求："数月以来，平津沪粤，及各省市民众团体，信使频至，文电星驰，责以大义，勉以抗日。"

电文宣告就职并表明态度："谨依各地民众之责望，于民国二十二年五月二十六日以民众一分子之资格，在察省前线，出任民众抗日同盟军总司令。率领志同道合之战士及民众，结成抗日战线，武装保卫察省，进而收复失地，争取中国之独立自由""凡真正抗日者，国民之友，亦我之友。凡不抗日或假抗日者，国民之敌，亦我之敌。"

此时，第二十九军军长兼察省主席宋哲元，因指挥长城抗战，不在张家口。察省代理主席许庸，以去北平请示办法为名，一去不归。几名省府委员也悄悄离去，省政陷于停顿状态。冯玉祥就职的当天，委任原警务处处长佟麟阁暂代省主席兼民政厅长，张允荣为财政厅厅长，吉鸿昌为代警务处处长兼张家口警备司令，同时，发布了抗日同盟军总司令部的组成人员。

27 日，抗日同盟军颁布了免除苛捐杂税、释放政治犯、党费不得由国库开支三项通令。

抗日同盟军成立时，达 10 万之众，主力是冯玉祥的旧部和方振武的抗日救国军，此外，还有察省地方抗日武装、原防守长城各口的爱国军队，更多的是撤退到察省的东北抗日义勇军，还有来自北平、天津及华北等地的爱国青年和学生。

抗日同盟军的建立，使全国人民的抗战精神为之一振，很多民众团体、社会名流、省市当局以及高级将领，纷纷来电来函，表示支持和祝贺。

抗日同盟军建立伊始，就遭到蒋介石集团的反对和攻击。何应钦诬蔑冯玉祥"野心很大，抗战不过是用来掩护的名词"，并电告冯取消抗日同盟军名义。蒋介石则给冯加上宣传"赤化"的罪名，还说冯并非真心抗日，而是借抗日之名以夺取宋哲元的地盘，同时，对宋施加压力，使其逼冯离开察省。

冯玉祥对抗日同盟军训话

冯玉祥不顾蒋介石集团的阻挠，在各方属望和鼓舞下，对刚组建的部队进行整顿，经过抗日救亡的宣传教育、调整编制、补充服装、筹发给养和安抚伤病，使军容士气大为改观，成为一支朝气蓬勃的抗日武装。

这时，敌伪军继续向察省侵犯，6月1日，敌机开始轰炸独石口，4日，伪军陷宝昌，8日，占康保，张北告急，张垣震动。冯玉祥派兵驰往张北和独石口，以迎击进犯之敌。

何应钦派人劝冯停止抗日军事行动，否则，将会招来第二个《塘沽协定》，受到冯的严词驳斥。何应钦又致电阎锡山商议对付冯的办法，阎遂将驻察部队撤回山西，表示不与冯合作，并声称，如冯有背叛中央举动，必须讨伐时，晋军绝对服从命令，负弩前驱。南京市国民党党部发表通电，骂冯"冒名抗日，勾结汉奸，割据地盘，捕杀党员，宣传共产，实行赤化"，要求开除冯的蒋介石集团又假借东北、华北各省市等12个国民党党部名义发表通电，劝冯"放下屠刀，立地成佛"，并电国民党留粤中委，请他们对冯"责以大义，以弭

111

巨患"。

冯玉祥不为所动，6月15日，召开了抗日同盟军第一次军民代表大会，通过了有关政治、军事、经济等项决议，确定抗日同盟军为革命军民的联合战线，外抗暴日，内除国贼，以武力收复失地。

6月20日，冯玉祥任命吉鸿昌为北路前敌总指挥，邓文为左副总指挥，李忠义为右副总指挥。为了统一指挥，后又特派方振武为北路前敌总司令。各部队在张北县附近集结后，即北上抗敌。共产党人随军宣传鼓动，沿途民众热情支持，官兵士气高昂，大军所向披靡。22日攻克康保，7月1日收复宝昌，涞源伪军反正，该地亦告收复。接着，直指多伦。

多伦是察东商业重镇，当地素有"小上海"之称。日军将多伦视为攻掠察、绥的战略据点，以茂木骑兵旅团及炮兵部队3000余人固守，外围配有伪军。

冯玉祥决定乘胜收复多伦，为进一步收复热河开辟道路。

7月7日，抗日同盟军发动总攻，经激烈战斗，至9日，占领城外敌军大部分据点。当晚，吉鸿昌指挥敢死队几度爬城突袭，因敌人火力猛烈，未获成功。10日，再度进攻，因敌机轰炸，伤亡较大，未能奏效。11日，吉鸿昌派一副官率数十名战士化装成伪军，潜入城内。12日凌晨1时，再次总攻，吉鸿昌袒臂冲锋，士气大振，里应外合，攻入城内，经3个多小时巷战肉搏，击败敌军。沦陷72天的多伦，经五昼夜苦战，终被抗日同盟军收复。在收复宝昌、康保和多伦战役中，共击毙日伪军1000多人，抗日同盟军也伤亡1600余名。

多伦攻克，察省全复，冯玉祥决心收复包括热河在内的东北四省。7月27日，"收复东北四省计划委员会"在张家口成立，冯玉祥亲任委员长，表示"相率中原豪杰，还我河山"。

抗日同盟军接连收复失地，特别是

收复多伦的吉鸿昌将军

攻克多伦，使全国人民深受鼓舞，群情振奋。各地抗日组织、民众团体和主张抗日的著名人士，纷纷发来电函祝贺，并踊跃捐献钱物慰劳。

南京政府对抗日同盟军的诬蔑和压迫，接连不断。当抗日同盟军进攻多伦之际，汪精卫电冯说，在察抗战，是走不通的一条死路，劝冯早日回京，徐图救国根本之计，冯回电说："我决心抗日，本来就是找死，但是死在抗日旗帜之下，良心是平安的。"抗日同盟军收复多伦后，汪精卫造谣说，多伦并非取之日军之手，而是取之不堪一击的伪军之手。蒋介石也诬蔑说，多伦方面本来没有日军，那里并未发生激烈战斗。同时，对抗日同盟军进行军事压迫，从7月8日起，庞炳勋、关麟征、冯钦哉各部分别行动，分三路围攻抗日同盟军。7月10日，冯玉祥致电李烈钧说，我军正在多伦与敌肉搏，宁方竟公然调兵遣将，将入察攻我，"此真千古奇闻，亦人类变局也"，呼吁李在南京"联合正义人士，为我义师主持正义。"

南京政府的态度，使日伪军也嚣张起来，7月16日、17日两日，日本驻北平武官两次提出"严重抗议"，叫嚣对抗日同盟军"加以膺惩"，要求冯让出多伦。冯玉祥严词驳斥，并要求日军退出热河和东北。

何应钦主动与日方联络，秘密商定要日伪军协助夹攻抗日同盟军，向察东大举进攻。国民军则由察南向张家口进攻。7月底，进入察省的国民党军已达16个师，15万余人，另有铁甲车8列，飞机18架。抗日同盟军腹背受敌，处境艰难。

7月28日，蒋介石和汪精卫致电冯玉祥，向抗日同盟军提出最后通牒四项：勿擅立各种军政名义；勿妨害中央边防计划；勿滥收散军；勿引用"共匪头目，煽扬赤祸"。31日，冯玉祥通电全国，驳斥蒋、汪："胜虽不足言功，但胜亦何至获罪"，"祥之所为，与政府所标榜之长期抵抗或一面交涉一面抵抗者，果何以异？""顾念国难之严重如此，而豆萁之煎迫，又复如此""祥屡次宣言，一则抗日到底，一则枪口决不对内。""如中央严禁抗日，抗日既无异于反抗政府，则不但军事可以收束，即科我以应得之罪，亦所甘心。""祥自兴师抗日，迄今为止已67日矣，究竟赤化察省与否，与确保察东失地与否，事实俱在，容有见谅于国人者。"这一天，冯玉祥得知平绥路交通被切断，不胜悲愤："哀哉，同盟军！抗日何辜？竟而得罪蒋

113

氏政府，致遭腹背之敌，更受轰炸之苦！"

8月初，抗日同盟军处在日伪军和国民党军包围中，外无实力响应，内有财政困难，加之内部又发生了动摇，已很难支持下去。冯玉祥唯恐察省地盘落入蒋介石、何应钦之手，便力主宋哲元回察主政，8月5日发出通电："自即日起完全收缩军事，政权归之政府，复土交诸国人，并请政府即令原察省主席宋哲元克日回察，接收一切，办理善后。"

南京方面见冯已同意结束抗日同盟军，察省问题已获解决，而以前已有宋哲元回察的明令，便同意宋接收察政，处理善后。同时，蒋、汪于8月7日电约冯赴南京"共商大计"，但被冯婉言回绝。

李济深

8月9日，冯玉祥撤销抗日同盟军总部，辞去总司令职务。

8月12日，宋哲元抵达张家口，冯玉祥到车站迎接，含泪与宋握手，哀伤无言。

8月14日，冯玉祥在宋哲元等陪同下，乘车离开了奋斗10个多月的张家口，行至黄村车站，换乘韩复榘派来的专车，与宋哲元等告别。15日，到达济南，韩复榘等在车站迎候，双方相见，百感交集。17日，冯玉祥离开济南，复归泰山。

冯玉祥被迫再居泰山，但报国壮志未酬，抗日之心不死，为卫队士兵亲书的练字仿影中写道："日本帝国主义强占我国土地，杀害我国人民，财产均被劫去。六千万人小国敢把我们欺凌，四万万七千万人起来收复失地。"

11月，李济深、陈铭枢和蒋光鼐、蔡廷锴等发动福建事变，成立福建人民政府，抗日反蒋。

冯玉祥极力支持李济深及十九路军的斗争，派余心清等人参与其事，余被选为福建人民政府经济委员会主席。福建人民政府在蒋介石的军事镇压和分化瓦解下，于1934年1月归于失败。当冯得知蒋以大批飞机连日轰炸福州、漳州时，再次谴责了蒋的行径："对日本则一架飞机不派往前方，对国内同胞则大肆轰炸。对敌人何其恭顺，对同胞何如此残忍！"

一个丧权辱国，一个保土卫国，一个为了少数人的统治权势，一个立足于多数人的民族利益，形成了蒋介石与冯玉祥的尖锐对立。

日本无休止地扩大侵略，威胁到了美英的在华利益和蒋介石的统治，随着蒋介石态度的变化，蒋冯的对立也逐渐缓和下来。

六、走向联合

日本侵略势力向华北扩张，国难严重。

国民党的对日妥协退让，依然继续，但与以前相比，已开始发生变化。

国民党的反共立场，依然不变，但与以前相比，在策略上逐渐有了变化。

国民党内的不同派别，依然存在，但与以前相比，以抗日与否为界标有了新的组合。

蒋介石与冯玉祥的妥协与抵抗之争趋于缓和，开始由对立走向联合。

南京发出密电

1935 年 10 月 19 日，蒋介石从南京给冯玉祥发出密电：

> 泰安探交冯委员焕章吾兄钧鉴：密。比来尊体如何，遥为康吉为颂。中央第六次全体会议举行在即，党国要计，均待商讨，甚盼大驾早日惠莅首都，共商一切。谨电速驾，不胜祷企！弟中正叩皓侍密东。

23 日，冯玉祥复电蒋介石：

> 急。南京军委会蒋委员长介石吾弟钧鉴：密。皓电奉悉。年来吾弟席不暇暖，为国贤劳，至深敬佩。此次西蜀归来，承念及山中人，驰电垂问，义重情殷，尤深感激，国事至此，惨过于印度，耻甚于高丽，如不急谋补救，来日大难，实有不忍言及者，兹将一得之愚，掬诚敬告如下。关于党务者：一、开放党禁，凡能共同救国，无论个人或团体，应一律包容，以期集中力量，挽救危机，此条无论如何说法，非诚不能动人，非诚不能感人；二、解放言论，欲使人人能担负救国责任，必使人人有发表意见机会，然后始能集众思、广众益，共谋国事；三、真正团结，消极方面，凡同志间已往有意见隔阂，应竭力化除，完全消释；积

极方面，邀请展堂北来，但精卫亦不必离京，并与哲生、右任诸同志，真诚相见，无话不说，共决不计；四、大救政治犯，在宽字厚字上包容一切，使各竭所长以报国。关于政治者：一、非获得民心，不能救国，要得民心，即凡人民所喜者，兴之作之，否则去之。二、严明赏罚，各省有真正为民官吏，大加奖赏，贪污分子严加惩办，不管地位如何，背景如何，一赏一罚必求公允。三、设立救突部，水旱天灾，严重特甚，非有专部不能办理。四、奖励抗日精神，如石英、于学忠等素具抗日抱负，尤有抗日表现，一则应加起用，一则应即重用。五、起用抗日将领，如蔡廷锴、蒋光鼐等，过去抗日有功，故政府不独应加容赦，更应畀予重用。以上均与民心有关。关于外交者：一、确定国际敌友，苏美两国，关系我国抗日至大。二、政府应速简派文武大员，担负责任，分赴苏美切实联络，以谋合作具体办法。关于军事者：一、立即准备发动抗日军事，不抗日必亡，要不亡只有抗日。二、急速充实陆空军备。以上各点，凡祥所知无不披沥肝胆，详陈左右，所关民族至巨，敢请决断施行。至祥之行止，只求有利于国、于民，任何牺牲皆无顾惜也。小兄玉祥。

30日，蒋介石再发密电：

泰安即呈冯委员焕章我兄尊鉴：密。弟返籍扫墓，昨始回京，奉读梗日赐电，披沥见教，条分缕析，垂爱之切，谋国之周，钦佩不已。国难至此，洵非集中国力不足以挽救危亡，尊论诸端，皆先得我心者也。六中全会在即，中央同仁均盼兄如期来京出席，弟尤切望把握，俾得亲承教训，而慰契阔之思，务盼即日命驾，无任祷盼！弟中正叩州传密京。

31日，冯玉祥复电蒋介石，告知"即日来京"。

冯玉祥离泰山南下，11月1日到达南京。

蒋介石和冯玉祥密电交驰，表明二人的关系又有了新的变化，蒋对冯的建议表示欣然接受，在抗日问题上有了共同语言，由对立开始走向联合。

蒋冯关系的缓和，关键是蒋介石态度的变化，而蒋态度的变化是日本侵略加深造成的。

1933 年 5 月的《塘沽协定》，并没有阻止日本的侵略步伐。从 1935 年 5 月开始，日本又制造了华北事变，向南京政府提出了对华北统治权的无理要求。南京政府继续妥协退让，7 月 6 日和 7 月 27 日，分别达成《何梅协定》和《秦土协定》，使河北和察哈尔的主权大部分丧失。然而，日本并不满足，接着又策动汉奸制造所谓"华北五省自治运动"，企图使河北、察哈尔、绥远、山东、山西五省脱离中国政府的管辖，成为第二个"满洲国"，建立"华北国"。

日本对华北不仅加紧了军事、政治侵略，而且在经济上也极力扩张，华北的铁路、航空、矿山、工业、商业、贸易、金融的大部分，逐渐控制在日本垄断资本之手，并进行大规模的武装走私，给中国的税收和民族工商业造成严重危害。

日本侵略势力在华北的扩张，损害了英美的利益，对日本策动的"华北自治运动"发出指责，英美报刊也大骂日本是"国际上的强盗"，是"黩武的国家"。为了和日本争夺，英国支持南京政府于 1935 年 11 月进行了"币制改革"，以加强对国民党的控制，英美还扶植国民党中的亲英美派，来抵制日本。

蒋介石集团依靠英美维持统治，英美与日本矛盾的加剧，必然影响蒋介石集团的对日政策。日本在华北的扩张，削弱了南京政府对华北地区的控制，也使南京政府遭受巨大的财政、经济损失。南京政府与日本矛盾的上升，迫使它不得不重新审视对日政策，1935 年 9 月，蒋介石在一篇文章中公开表示："中国对于日本的妥协让步，毕竟有一定的限度。"

1935 年 11 月 1 日上午 8 时，国民党四届六中全会举行开幕式，11 时，冯玉祥的专车抵达浦口，南京许多权要人物前往欢迎。冯玉祥一下车，有人就把汪精卫在中央党部遇刺的消息告诉了他，他颇有感触地说："执政当局，就为自己要活，亦非抗日不可。"

蒋介石在南京陵园为冯玉祥准备了寓所，冯住下后，蒋介石和林森立即前往拜访，以礼相待。当晚，蒋介石在陵园四方城寓所设家宴，为冯接风洗尘，以示欢迎。宴罢，冯即住在蒋介石家中。

蒋冯交谈中，冯玉祥再次强调"不抗日一定亡国"，指出唯武器论和三日亡国论都是错误的，对蒋说："我希望你为祖先留下的国家着想，为将来的子孙打算，为中山先生和死难的先烈们争光，把那些唯武器论和三日亡国论快快改正过来。"蒋介石诺诺连声，满口答应："好，好好。"

蒋冯第一天相见与交谈，冯玉祥十分高兴，他在当天的日记中写道："为抗日南来，为抗日来赴会。不是为位置，不是为分赃，不是为骂人的，亦不是为打人的。"

11月2日，冯玉祥出席国民党四届六中全会第一次会，被选为宪法草案审查委员会委员和提案审查委员会政治组委员。同日，冯玉祥根据10月23日致蒋电报精神，向全会提出救亡大计案：

一、切实保障人民言论、出版、集会、结社、居住、信仰之完全自由；

二、大赦政治犯；

三、精诚团结；

四、充实军备；

五、注意防灾救灾；

六、请拨款派员修理淞沪战事阵亡将士苏州墓地，并致祭扫，以慰忠魂。

这一提案，冯玉祥与李烈钧、程潜、柏文蔚、吴稚晖、李石曾、蔡元培等共22人联名提出，5日，获全会通过。

2日下午，蒋介石再次见冯，态度虚心、恭谨、亲昵，以盟弟身份，连称"大哥"。

4日下午，蒋介石又到冯的房间询问冷暖，毕恭毕敬地向冯"请示"治国方略："现在第一件要事，当办什么？"冯答："抗日为第一要事。"

11日晚，蒋介石请冯玉祥、阎锡山、黄郛等人赴宴。饭后，蒋又向冯请教："目前当择几件最主要的事来办？"冯答："抗日收复失地，这是目前最主要的。""必须做到民欲者政府办；不欲者政府不办。"蒋说："不错，要研究办法。"

12日至23日，国民党在南京举行了第五次全国代表大会，冯玉祥是大会主席团成员，并当选为第五届中央执行委员。

26 日，蒋冯再次长谈，冯向蒋提出了 13 点应注意之事，其中包括抗日、应付华北事变、颁布大赦令、联俄等问题，蒋一一记在本上，表示接受冯的主张。

冯玉祥此次来南京之前，李烈钧曾劝冯借中央全会之机到南京，从南京政府内部团结抗日力量。到南京后，李烈钧又说，蒋的过失不是他本人的问题，主要是他周围的人如何应钦等造成的。冯玉祥到南京的二十多天来，蒋与他几乎朝夕相处，事事向他请教，他每提出一个建议，蒋都诺诺应允。冯玉祥感到李烈钧的话有道理，蒋有悔过的诚意，26 日，他在日记中写道："蒋先生所答之话，最为谦下，最为和平，最为诚恳，我极为满意。以为此次并未白来也！"12 月 1 日，他在日记中又写道："是灰热似土，这话一点不假，为国相忍，只看见日本人之混账，不看见自己兄弟的过错，便是我们的学识大进步，否则，仍是愚昧无知的人。"

冯玉祥到南京后，数次以个人名义或与他人联名函电敦请胡汉民、李宗仁、白崇禧等人进京，共筹国是，为促国民党上层人物团结抗日，同时，又一再向宋哲元、韩复榘等旧部说明蒋是要抗日的，希望他们服从中央，保持统一。

12 月 2 日至 7 日举行的国民党五届一中全会，通过了国民政府主席及各院院长人选案，以林森为国民政府主席，蒋介石为行政院院长，孙科为立法院院长，居正为司法院院长，戴季陶为考试院院长，于右任为监察院院长。12 日，国民党中央政治委员会决定改组行政院，各部部长大部都换上了蒋介石集团的人员。至此，从 1932 年开始的蒋汪联合、共同对日妥协的合作局面，宣告结束。

12 月 18 日，南京政府任命冯玉祥和阎锡山为军事委员会副委员长，程潜为总参谋长。蒋介石为尊崇冯玉祥，特在南京大行宫头条巷设立了副委员长办公厅，1936 年 1 月 6 日，冯玉祥就职。

两种谈判

1935 年 11 月 19 日，蒋介石在国民党五全大会发表对外关系演说：

"……苟国际演变不斩绝我国家生存、民族复兴之路，吾人应该整个的国家与民族之利害为主要对象，一切枝节问题当为最大之忍耐，复以不侵犯主权为限度，谋各友邦之政治协调，以互惠平等为原则，谋各友邦之经济合作；否则当即听命党国，下最后之决心……直言之，和平未到完全绝望之时，绝不放弃和平，牺牲未到最后关头，亦绝不轻言牺牲……果能和平有和平之限度，牺牲有牺牲之决心，以抱定最后牺牲之决心，而为和平最大之努力，其达奠定国家复兴民族之目的。深信此必为本党救国建国唯一之大方针也……"

蒋介石依然对中日妥协抱有幻想，不肯放弃退让求和，尚未下定抗战决心，然而，却表示妥协退让亦有限度，如果日本无止境地进攻，超过限度，也只有下最后牺牲之决心了。

20日，蒋介石对日本驻华大使说："作为中国，对引起违反国家主权完整，破坏行政统一等之自治制度，绝对不能容许。"同日，又电令第二十九军军长、平津卫戍司令宋哲元，提醒他不要中了日本"诱陷之毒计"，不能答应日本的"华北自治"要求，"万一彼方因此不满，对兄等为局部压迫，中央必当以实力为兄等后盾"。

24日，日本唆使汉奸殷汝耕在通县宣布"脱离中央自治"，25日，成立"冀东防共自治委员会"。对此，南京政府免除了殷汝耕的滦榆区行政督察专员职务，并下令拿办。

1936年1月，日本外相广田发表所谓"对华三原则"：一、中国取缔一切排日运动和放弃以夷制夷政策，进行积极合作；二、中国承认"满洲国"，完全调整日"满"华三国关系；三、中日合作防止赤化。同时，宣称中国政府对"三原则表示赞成的意思"。南京政府外交部立即发表声明，加以否认："广田外相演说，谓中国业已同意，殊非事实。"

7月，国民党召开五届二中全会，决定成立国防会议，以蒋介石为议长。会上，蒋介石对国民党五全大会确定的外交方针作了解释："中央对外交所抱的最低限度，就是保持领土主权的完整，任何国家要来侵扰我们领土主权，我们绝对不能容忍，我们绝对不订立任何侵害我们领土主权的协定，并绝对不容忍任何侵害我们领土主权的事实。再明白些说，假如有人强迫我们签订

123

承认伪国等损害领土主权的时候，就是我们不能容忍的时候，就是我们最后牺牲的时候。""我们如遇有领土主权再被人侵害，如果用尽政治外交方法而仍不能排除这个侵害，就是要危害到我们国家民族之根本的生存，这就是我们不能容忍的时候。到这时候，我们一定作最后之牺牲，所谓我们的最低限度就是如此。"

中国共产党指出："蒋委员长这种解释，较之过去有了若干进步，我们诚恳地欢迎这种进步。"

时任外交部部长的张群

华北事变后，南京政府对日政策的变化，使1935年1月就已开始的中日外交谈判，成为一种马拉松式的谈判，到1936年还在进行。

1936年3月，南京政府外交部部长张群和日本驻华大使有田举行了四次会谈。中方提出，调整中日邦交，最正当的办法，应该从东北问题谈起，第一步至少限度，也必须先设法消除妨碍冀、察、内蒙行政完整的状态。这几次会谈，双方差距很大，没有结果。

9月，张群与日本驻华大使川越举行了三次会谈。

日方要求南京政府"解散一切抗日团体""杜绝一切排日运动"实行"共同防共""华北经济提携"和"减低关税"等，以此作为"对调整邦交具体表示诚意之确实证据"。中方则提出了调整邦交的希望条款五条：取消上海、塘沽两个停战协定；取缔冀东的组织；日机停止在华北非法飞行；日本停止走私，并不得干涉缉私；解散察绥的伪匪军。10月，张群与川越又举行了四次会谈。日方提出"一般防共"和"华北共同防共"两大问题，关于一般防共，要求双方签订一项协定，关于华北共同防共，要求扩大防共地域、组织共同防共委员会等。中方再次提出取消上海、塘沽两个协定和冀东伪组织。双方的距离仍然很大，9月、10月间的这七次会谈，仍无任何结果。

11月10日，蒋介石指示张群："应以完整华北行政主权为今日调整国交最低之限度"。12 月，张群与川越又举行了一次会谈，日方在所谓备忘录中提出种种无理要求，中方拒绝接受，会谈不欢而散，中日交涉停顿。

以前，中日谈判的结果，多是城下之盟，从《上海停战协定》到《塘沽协定》，再到《何梅协定》和《秦土协定》，均属丧权辱国的屈辱协定。

自 1935 年日本制造"华北自治运动"以来，南京政府对中日谈判采取拖延政策，并且态度逐渐强硬起来，结果是毫无结果。

中日交涉停顿之际，1936 年 12 月，日本又指使蒙伪军进犯绥远，驻绥傅作义部奋起还击。南京政府对绥远抗战采取了比较积极的态度，发表声明说"此次蒙伪匪军大举犯绥，政府负有保卫疆土戡乱安民之责，不问其背景与作用如何，自应予痛剿，此为任何主权国家应有之行为""不容任何第三者以任何口实加以侵犯或干涉，万一不幸而发生此种非法之侵犯或干涉，必竭全力防卫，以尽国家之职责也。"

时任日本驻华大使的川越

20 世纪 30 年代中期的王明

南京政府同日本进行谈判，同时，国民党又进行另一种谈判，通过各种途径打通和中共的关系，企图在抗日的旗帜下，解决中共问题。

1936 年春，南京政府驻苏大使馆武官邓文仪，衔蒋介石之命，在莫斯科会见中共驻共产国际代表团团长王明，提出了国共两党谈判的要求。王明认为，国共两党的中央都在国内，谈判在国内进行为好。中共驻共产国际代表团指定潘汉年为联系人，潘汉年与邓文仪会见后，不久返回国内。

在国内，蒋介石指定陈立夫负责打通和中共的关系。陈立夫通过曾养甫等人辗转和中共北平市委的周小舟建立了联系。1936年夏，周小舟在南京会见曾养甫，商谈合作抗日的条件。同时，国民党还同上海的中共组织建立了联系，也就合作抗日问题进行了商谈。

1935年底，蒋介石派陈立夫秘密去莫斯科，以改善和加强同苏联的关系。陈立夫赴苏期间，由宋子文负责打通和中共的关系。宋子文同宋庆龄商量，派一名使者进入陕北苏区送信，直接和中共中央取得联系，宋庆龄便选派董健吾去陕北苏区。

董健吾是中共地下党员，当过上海圣彼得教堂牧师，与宋子文曾是上海圣约翰大学同学，素有来往。

董还懂得中国字画、古董，曾当过古董商，为宋家购买和收藏字画、古董出过主意。

1936年1月，宋庆龄将董请到寓所，交给他一封信，要他送到陕北瓦窑堡面交毛泽东、周恩来，并交给他一张由南京政府财政部部长孔祥熙签署的委任状，委派他为"西北经济专员"，以保障旅途安全。

宋庆龄一再叮嘱他要保存好信件，对他说，成功了，益国匪浅。

1936年2月27日，董健吾安全抵达瓦窑堡。

两个月前，中共在这里召开了中央政治局扩大会议，会后，毛泽东又作了《论反对日本帝国主义的策略》的报告，从而确定了中共的抗日民族统一战线的方针。

董健吾到达瓦窑堡时，中央红军已渡黄河东征，张闻天、毛泽东、彭德怀等在山西前线，周恩来则和刘志丹部队一起，也不在瓦窑堡。因此，

　　　　抗战初期的宋庆龄

董健吾把密信呈递给留在后方的博古，传递了南京政府要同中共谈判的意向。博古将此事电告毛泽东等，3月4日，毛泽东等致电博古并转董健吾，表示"十分欢迎南京当局觉与明智的表示"，为联合全国力量抗日救国，"愿与南京当局开始具体实际的谈判"，并提出五项条件：（1）停止一切内战，全国武装不分红白，一致抗日；（2）组织国防政府与抗日联军；（3）容许全国红军主力迅速集中河北，首先抵御日寇迈进；（4）释放政治犯，容许人民政治自由；（5）内政与经济上实行初步与必要的改革。3月5日，董健吾带着这些条件离开瓦窑堡返回上海。中断了近十年之久的国共两党中央的联系，在宋庆龄的努力推动下，又重新建立起来。

5月，潘汉年由莫斯科到达香港，与国民党派出的张冲会见。7月，到南京、上海，与曾养甫和张冲进一步接触。8月，到陕北向中共中央汇报。

随着日本侵略的加深，国内阶级关系的变化，国民党政策的若干改变，1936年2月以后，中共中央就改变了"抗日反蒋"的口号，5月5日在《停战议和一致抗日》通电中，公开放弃了反蒋口号。8月，中共中央政治局扩大会议确定，抗日民族统一战线的主要对象是国民党，25日在《中国共产党致中国国民党书》中，再次呼吁停止内战，一致抗日，实现第二次国共合作，组成全民族的抗日统一战线。9月1日，又向党内发出指示，明确提出"我们的总方针应是逼蒋抗日"。同一天，中共中央决定潘汉年为中共同国民党谈判的代表。此后，其他几条途径的国共联系与接触，遂逐渐终止。

10月初，潘汉年到达上海。在张冲安排下，11月10日，潘汉年在上海沧州饭店与陈立夫会谈，向陈递交了周恩来给陈氏兄弟的信，并根据中共中央起草的《国共两党抗日救国协定草案》，阐述了中共中央的意见，希望以此作为谈判的基础。

陈立夫对中共的合作方案不置一词，却转达蒋介石的意见说，既然共产党开诚合作，首先，对立的政权与军队必须取消；其次，红军目前只可保留3000人，师长以上领袖一律解职出洋，半年后量才录用；如果军队能如此解决，其他问题都好办。

潘汉年严肃指出，这是蒋先生站在"剿共"立场的收编条件，不是抗日合作的条件。又说，当初国共接触，所谈均非收编而是合作，蒋先生目前有这种要求，大概是误认为红军已到了无能为力的时候，或者是受困于日本的防共之提议吧。这次会谈未能达成协议。

接着，潘汉年与陈立夫又进行了两次谈判，陈虽然同意保留红军数目由3000人改为3万人，但收编的反共立场未变。12月8日，中共中央指示潘汉年，离开实行抗日救亡无任何商量余地，蒋如有谈判诚意，应立即停战并退至苏区以外，静待谈判的结果，我们绝对不作无原则让步。中共坚决拒绝了国民党的无理要求。

由于国民党缺乏诚意，国共谈判没有取得具体结果，但双方建立了联系，增进了了解，比以前的只打不谈进了一步。

南京政府同日本的谈判，国民党同共产党的谈判，这两种不同性质的谈判，尽管都没有结果，但却反映了一种新的意向：在日本步步紧逼的情况下，国内各党派包括执政的国民党，寻求解决国内对立、对付日本入侵的趋势日渐增强。

"七君子事件"透视

蒋介石对日态度虽有一定变化，但在内政上却没有改变，和中共接触，同中共谈判，意在以"收编"的方式解决中共问题，依然坚持"反共"立场，依然以武力"剿共"，同时，对各界民众的抗日民主运动，依然施以高压。

1936年2月，南京政府颁布了《维持治安紧急办法》，规定可以"用武力或其他有效办法"去对付抗日爱国的群众、逮捕爱国分子、解散救亡团体、封闭救亡刊物等，从年初以来，上海、北平、济南及其他各地，连续发生镇压和逮捕爱国学生事件，11月，又制造了震动全国的"七君子事件"。

1936年5月31日至6月1日，全国各界救国联合会在上海举行了成立大会，通过了《全国各界救国联合会成立大会宣言》和《抗日救国初步政治纲领》等文件，选举宋庆龄、何香凝、马相伯、邹韬奋等40余人为执行委员，沈钧儒、章乃器、李公朴、史良、沙千里、王造时等14人为常务委员。

大会宣言指明，全国各界救国联合会是"一个全国统一的联合救国阵线"，现阶段的主要任务是"促成全国各实力派合作抗战"。大会宣言向各党各派建议：

（一）各党各派立刻停止军事冲突；

（二）各党各派立刻释放政治犯；

（三）各党各派立刻派遣正式代表，人民救国阵线愿为介绍，进行谈判，以制定共同抗敌纲领，建立统一的抗敌政权；

（四）人民救国阵线愿以全力保证各党各派忠实履行共同抗敌纲领；

（五）人民救国阵线愿以全力制裁任何党派违背共同纲领以及种种削弱抗敌力量的行动。

7月15日，全国各界救国联合会以沈钧儒、陶行知、章乃器、邹韬奋四人名义，发表了《团结御侮的几个基本条件与最低要求》的公开信，全面阐述了救国会对于联合救亡的立场：抗日救国要依靠全民族一致参加，各党各派有结成救亡联合的必要；联合战线中的各党各派可以有不同主张，只要在抗日救国一点上求得共同一致，就应以互相宽容为第一要义；联合战线以结合各党各派力量达到抗日救国为目的，而不能为任何党派所利用。公开信向蒋介石、国民党中央、西南当局、华北当局、中共及中国工农红军六个方面，分别提出了希望和要求，表达了全国人民要求停止内争、共同抗日和争取自由民主权利的意见和主张。

《良友》画报对"七君子事件"的报道

救国会成立后，向上海市政府阐

明了救国会的目的、任务和纲领，救国会的成立宣言等文件和沈钧儒等四人的公开信，都在报刊上发表，救国会的组织和一些活动都是公开的，它的抗日救国主张，是符合民众要求和民族根本利益的。

国民党蒋介石集团倒行逆施，11月23日，以"危害民国"的罪名，逮捕了全国救国联合会领袖沈钧儒、章乃器、邹韬奋、李公朴、王造时、沙千里、史良7人。

"七君子事件"发生后，全国各界民众表示强烈不满和抗议，并举行了救援运动。宋庆龄发表声明表示："救国会的七位领袖已被逮捕，可是我们还有四万万七千五百万人民，他们的爱国义愤是压制不了的！"宋庆龄写信给冯玉祥，告知章乃器、沈钧儒等7人被捕，请冯"主张公道，迅电蒋介石先生立即释放章先生等七人，民族解放前途幸甚！"

一年前，冯玉祥在泰山给蒋介石的电报中，就提出过"开放党禁""解放言论""获得民心"等建议，到南京后，对蒋介石镇压群众抗日运动表示异议，对蒋说："这样办，一定有许多朋友要离开你。"冯玉祥接到宋庆龄的信后，立即为营救七君子而奔走。此时，蒋介石正在洛阳部署对红军作战，冯玉祥给蒋发去电报：

> 窃以章等之热心国事，祥亦素有所闻，尚非如报纸宣传之为共产党及捣乱者，且其设立救国会宣传救国，立论容有偏激，其存心为一般人所谅解，今若羁押，未免引起社会之反感，而为日人挑拨离间之口实。拟请电令释放，以示宽大。

蒋介石不接受冯玉祥的意见，12月3日复电冯玉祥，诬蔑"七君子"蛊惑人心、煽动罢工、扰乱秩序，并且"执迷不悟"。

12月4日，冯玉祥再电蒋介石，指出蒋所了解的情况与事实不符。此后，冯玉祥继续致电蒋介石，要求赶紧放出七君子。蒋令陈布雷对冯说："不久一定会放出来。"冯对陈说："这不是久不久的事，全国人民都说'救国有罪'，这还得了，万不可再迟，应当快快地放出来才对呢！"

12月初，张学良前往洛阳见蒋介石时，曾要求释放救国会领袖，西安事变爆发后，张学良、杨虎城等所提的八项主张中，有一项就是立即释放上海被捕的爱国领袖。陈果夫、陈立夫等曾提出将七君子杀掉，以警告张、杨，冯玉祥等坚决反对，才未能下手。

1937年6月，宋庆龄等16人发起了救国入狱运动，全国各界纷纷响应，7月31日，七君子获释出狱。

"七君子事件"轰动一时，对蒋介石和冯玉祥来说，一个下令关，一个主张放，二人在抗日问题上虽然走向联合，但

1936年出任国民党军事委员会副委员长的冯玉祥

在如何对待民众运动问题上，依然有明显分歧。蒋介石开始注意到日军入侵的威胁，然而更看重抗日民主运动对"民国"的"危害"。冯玉祥把民众运动视为抗日的基础，认为不发动民众不足以抵御日本，并为此向蒋提出建议和要求，希望蒋有所觉悟。可是，蒋介石始终没有这种觉悟，整个抗日战争时期是这样，抗战胜利后，仍然与民众对立，不给人民以民主和自由，成为冯玉祥与他彻底决裂的重要因素之一。

"七君子事件"像 X 光一样扫描了蒋冯二人的心底世界，把两颗不同的心，透视得清清楚楚，预示着他们联合的暂时性和日后分道扬镳的必然性。

在实现和平进程中

日本入侵，制约着中国社会各阶级、各党派之间的关系，也制约着国民党内不同派系间的关系，尽管立场不同，想法各异，但是，大势所趋，人心

所向，停止内争、共同抗日，已成为不可阻挡的历史潮流，多年来的军阀混战平息下来，多年来的国共两党兵戎相见停息下来，终于实现了国内和平。当然，各党派、各派别停止内争、走向联合，避免内战、走向和平的进程中，有自觉与不自觉之分，存在主动与被动之别，而蒋介石和冯玉祥，也各自扮演着不同角色，起着不同的作用，但总的来说，二人还是朝着联合的方向发展。

1936 年 6 月初，发生了两广事变。

蒋介石与两广地方实力派素有矛盾，蒋介石为了集中权力，对两广军阀的半独立状态耿耿于怀，必欲去之而后快。1936 年 5 月，两广地方实力派的政治首脑胡汉民病故，一时失去了重心。蒋介石认为有机可乘，企图分裂两广，然后各个消灭。

广东军阀陈济棠不肯坐以待毙，决定先发制人，6 月 1 日，联合广西李宗仁、白崇禧等，打起"抗日救国"旗号，进行反蒋，以国民党西南执行部和国民政府西南政务委员会的名义，呈文国民党中央和国民政府，吁请抗日。2 日，又将抗日主张通电全国，并历数"九一八"以来日本侵华罪行和南京当局的屈辱求和。4 日，陈、李、白等 36 名两广将领通电支持西南两部会的主张，并成立了军事委员会和抗日救国军，由陈济棠任委员长兼总司令，李宗仁为副。

两广事变爆发后，国难日深之际，举国惊骇，冯玉祥一向主张精诚团结、共同御侮，对此尤为震惊。6 月 6 日，冯玉祥会见蒋介石，要求蒋万万不可再打内战。6 月 7 日，"南天王"陈济棠、冯玉祥就两广事变发表谈话，表示："只有中国人不打中国人，团结如同一家一样集中力量，才可以得到救亡图存的最后胜利。"

6 月 8 日，西南方面军队进入湖南祁阳、郴州境内，10 日，蒋军则抢先占领衡阳，12 日，双方在衡阳以南发生冲突。战云密布，内战一触即发。

冯玉祥一方面连日与蒋介石商谈，进行调解；另一方面接连以个人名义或联合他人致电西南方面，劝其停止进军，听从南京统一部署，千万不可单独行动。全国各界也呼吁和平团结，共同御侮。内战不得人心，6 月 12 日，西南方面急电冯玉祥等，表示愿意就地停止军事行动，要求南京当局也中止进逼，以示抗日诚意。冯玉祥立即复电，对西南方面此举表示钦佩。西南方面下令部队撤回境内。

但是，蒋介石却不撤兵，并且放出谣言，说白崇禧仍在命令部队进攻衡阳，等等。

6月24日，西南方面致电冯玉祥，请其主持公道，要南京当局立撤南下重兵，速决抗日大计。

冯玉祥立即见蒋，要求蒋以政治手段解决两广事变。6月27日，冯玉祥又

黄绍竑

给蒋写一长信，陈述和战利害，指出：自日本增兵华北，国事日渐严重，最近又发生西南之事，爱国之士，同抱殷忧，奔走呼号，渴望和平解决；两广之事，关系国家存亡，处之稍形激烈，其患不可胜言，一经决裂，便不易收拾，采取敌对行为，双方同消实力，将无以御侮，且徒为日本制造机会，坐收渔人之利；应以国家为前提，以民意为依归，委曲求全，竭诚应付，万万不可发生冲突。

各界民众反对内战、要求抗日的强烈舆论，使得蒋介石也不敢贸然用兵，加上冯玉祥的从中调解，也只好表示只要西南服从中央命令，中央可以委曲求全。冯玉祥复电两广，转达了蒋的态度，并再次规劝他们"忍一时之愤，顺四海之望"。

7月间，蒋介石的收买拉拢产生了效力，陈济棠的空军司令率几十架飞机投向南京，粤军第一军军长余汉谋通电拥护中央，两广的反蒋行动已被分化瓦解。蒋介石趁势免去了陈济棠的本兼各职，任命余汉谋为广东绥靖主任，为了稳住李宗仁和白崇禧，使其服从南京，分别任命他们为广西绥靖正副主任，李、白也表示接受，愿意"唯命是听"。可是，不久蒋介石又背信食言，改任李宗仁为军委常委，白崇禧为浙江省主席，由黄绍竑出任广西绥靖主任。李、白表示难以从命。

蒋介石调集大军逼进桂境，准备以武力解决广西。广西也全体动员，

西安事变翌日，《西北文化日报》的报道

十万军民准备应战。内战又有一触即发之势。

8月1日，冯玉祥为制止内战赴庐山见蒋，苦苦陈述利害，劝蒋不要因用兵而丧国家元气。10日，冯玉祥又提出解决广西问题三策：李宗仁维持桂局，调白崇禧到中央任职，为上策；在李、白二人中择一人留桂，一人主持他省政务，为中策；强迫李、白同时离桂，为下策。冯玉祥希望蒋采取上策，并强调"以决不用兵为主旨"。

全国一致反对内战的压力，冯玉祥一次再次的诚恳建议，蒋介石不得不收回成命，9月6日，以国民政府名义任命李宗仁为广西绥靖主任，白崇禧为军委常委。9月7日，冯玉祥致电蒋介石和李、白双方，希望"化干戈为玉帛，合两方为一体"。9月9日，李、白致电蒋介石，表示接受新命。冯玉祥得此消息，喜悦莫名，致电双方，表示庆贺。

两广事变和平解决，使国防力量免受损失，人民免遭战祸，保存了抗日力量，这主要来自中日民族矛盾的深化和全国人民反对内战、团结抗日的强烈要求，同时，也和冯玉祥的规劝、调停和斡旋有很大关系，蒋对冯表示："吾兄苦口劝导，终以完成团结，党国是幸，不仅私衷感慰已也。"

两广事变和平解决刚刚过了三个月，12月12日，蒋介石在西安被扣，张学良、杨虎城发动了震惊中外的大事变。

西安事变的当天，张学良、杨虎城就给冯玉祥、李烈钧发来电报：

急。冯副委员长焕公，李委员协和先生赐鉴：日寇深入谋我益急，凡在血气之伦，同深发指。为民族计，为国家计，自非发动民族解放战争，立起抗日，无以救国图存；若再一味退让，妄冀和平解决，是犹抱薪救火，势不至灭国亡种不止，瞻念前途，曷深栗惧。我民众在蒋委员长领导之下，矢忠竭诚久矣。在蒋公自应领导全民，对敌抗战，藉副斯民之意最近蒋公莅陕，良等更一再陈词，垂泣而道，希其幡然醒觉，反戈东上。乃近默察情形，于军事仍坚持其内战式之剿匪主张。

于民意则拘捕救国领袖，枪杀爱国幼童，查禁正当舆论，似此一意孤行，亲痛仇快，危亡无日，海内骚然，自非另寻救国途径，则国脉之断送迫在眉睫。因请蒋公暂留西安，保障一切安全，以便反省。至于良等主张，已以文电奉达，谅邀垂鉴。公等党国先进，领袖群伦，爱国赤诚，久深佩仰，尚祈瞻念危亡，俯察民意，或远赐教言，或躬亲来陕，开诚指示，共谋国是。弟等以职务所羁，不克躬趋领教，临电屏营，无任企盼。张学良、杨虎城叩文印。

冯玉祥得知事变消息，甚为惊急，忙与李烈钧、张继及原西北军将领鹿钟麟、张之江、石敬亭等商讨急救办法，并派人北上，叮嘱韩复榘和宋哲元，以防他们行动越轨。

12月13日，国民党中执会举行会议，讨论西安事变对策问题，冯玉祥力主和平解决，但何应钦等主张武力"讨伐"张、杨，见此情景，冯玉祥深感"能平心静气为国家、为民族打算的，实在太少！"这一天，冯玉祥致电张学良：

西安张汉卿世兄惠鉴：密。顷读通电，敬悉留介公暂住西安，莫名骇异。介公力图自强，人所共知，政治军事，逐渐进步，其荦荦大端，如国事已真正统一，外交已真正不屈，绥远之战中央军队抗敌，皆昭然在人耳目。当此外侮日深，风雨飘摇之际，虽吾人和衷共济，同挽国难，犹恐计虑不周，岂容互生意见，致使国本动摇，兹为世兄计。特叙鄙意于下：

（一）请先释介公回京，如世兄驻军陕甘，别有困难，以及有何意见，均可开诚陈述。介公为革命军人，光明磊落，坦白为怀，必能包容，必能采纳，则尊处之困难即解，而抗日之志亦行矣。

（二）如虑事已至此，挽回不易，或有何反复，于世兄有何不利，则祥可完全担保，若犹难释然，祥当约同知交多人，留居责处，以为释回介公之保证。

（三）处世贵有定见，万勿因他人之挑拨离间，致伤感情，致伤国本。祥以年岁较长更事较多，老马识途，决无有误于尊事。

（四）总之，若能误会解除，与介公共商国是，则一切为难之处，俱可迎刃而解。于公于私，两有裨益。至于明令处分之事，只要世兄能将介公释回，则中央诸友，无不可设法挽回也。世兄明达，当能鉴及，掬诚奉告，唯乞明察，并盼赐复。冯玉祥。

抗战时期的邓宝珊将军

同一天，冯玉祥又以类似内容分别致电杨虎城、于学忠和邓宝珊，希望他们"就近维持，务以介公回京为要"。

12月14日，冯玉祥请年高德重的马相伯，以私人名义，请张学良早日护送蒋介石返京。同一天，冯玉祥对中央社记者谈话说：中国唯求民族的自由与复兴，端赖全国上下精诚团结，捍卫国土，收复主权。当此外来祸患，犹复未已，收复失土，初有成绩之日，尤需正确之策略与统一之指导。因此，保护最高军政领袖之安全，实为全国军民最大之责任。

12月16日，国民党举行政治会议，何应钦等决定下"讨伐"令，同日，何就任"讨逆军总司令"，接着，即命令大批中央军开赴潼关，直抵华县，轰炸渭南，并扬言轰炸西安。冯玉祥身为军委会副委员长，但手无实权，难以制止何应钦等人的"讨伐"行动，内战可能再起，忧心忡忡。

20 日，冯玉祥命人到陕西，向杨虎城递交他的亲笔信，信中提出"如能救蒋出险，我担保以副司令长官给之"，营救蒋介石的急切心情，由此可见。

西安事变终于和平解决，蒋介石获释，12 月 16 日，在张学良陪

参与西安事变谈判的中共代表周恩来、叶剑英、秦邦宪（右起）

同下返回南京。冯玉祥在机场上见到蒋介石"面黄肌瘦，腰也直不起来"，但蒋总算平安返京，内战已经避免，武装抗日有望，他为此而兴高采烈。

周恩来在中共七大发言时曾说，西安事变是蒋介石"逼出来"的，冯玉祥在事后也说，西安事变"蒋过的难关完全是他自己找的"。蒋介石在被动中停止了武力"剿共"，实现了国内和平。冯玉祥主动为制止内战奔走呼号，有功于国家、民族。蒋冯二人在共同抗日的前提下继续保持联合，但是，思想和主张上的差异依然存在。

1937 年初，国民党准备召开五届三中全会，商讨对中共和对日本的政策。

2 月 10 日，中共致电国民党五届三中全会，提出五项要求和四项保证，以推动国民党抗战，实现国共两党重新合作。

2 月 15 日至 22 日，国民党五届三中全会在南京举行，冯玉祥会同宋庆龄、何香凝、孙科、李烈钧等共 14 人向全会提出《恢复孙中山先生手订的三大政策案》，提案说："总理于民国十三年改组本党，确立联俄联共与扶助农工三大政策后，革命阵容为之一新，革命进展一日千里。不幸十六年以后，内争突起，阵容分崩，三大政策摧毁无遗。革命旋归失败，外侮接踵而来。尤其最近五年间，失地几及六省，亡国迫于眉睫。凡属血气之伦，莫不椎心泣血。本党同志，负革命成败、民族兴亡之大任，将何以对我总理在天之灵？将何以慰诸先烈不死之英魂？更将何以告数万杀身成仁、残手断足之革命将士？"提案指出，"近半年来，迭次接中国共产党致我党中央委员会书函通

电，屡次提议国共合作，联合抗日，足证团结御侮已成国人一致之要求。最近西安事变，尤足证此点。"提案紧急提议："我党更应乘此机会恢复总理三大政策，以救党国于危亡，以竟革命之功业。"

国民党五届三中全会通过的宣言和决议中，没有提出坚定明确的抗日方针，但也表示"确守平等互惠与互尊领土主权之原则""如果让步超过了限度，只有出于抗战之一途"。在国民党的正式文件上，第一次出现了"抗战"二字，较之过去前进了一步。全会也没有改变反共立场，专门通过了一个《关于根绝"赤祸"之决议》，但在策略上却由"武力剿共"改变为"和平统一"，以和平手段"根绝赤祸"，由国民党来"统一"共产党，较之过去也前进了一步。

国民党五届三中全会实际上接受了国共两党合作抗日的政策，标志着抗日民族统一战线的初步形成。

中日民族矛盾的制约，停止内战、一致抗日潮流的推动，国内两大政党也由敌对走向了联合。

历史进入了全民族抗战的新时期。

七、共赴国难

卢沟桥的炮声，拉开了中华民族全面抗战的序幕。

蒋介石和冯玉祥，共赴国难。登上抗日战争的历史舞台，各自扮演自己的角色，书写自己的历史。

蒋介石积极地参加了抗战，却又消极地应付了这场战争；冯玉祥则始终是坚定的抗战派。

蒋介石采取了联共政策，在一段时间里，同中共保持了比较好的关系，却又限共、防共甚至积极反共；冯玉祥则热心联共，是维护国共合作的促进派。

蒋介石和冯玉祥，国难共赴，差异犹存。

炮响，"守土抗战"

1937年7月7日夜，日军进攻宛平县城和卢沟桥，发动了大规模的侵华战争，中国驻军第二十九军冯治安部第二一九团奋起抵抗。卢沟桥的炮声，揭开了全民族抗战的新篇章。

卢沟桥事变的第二天，中共中央通电全国，疾呼："平津危急！华北危急！中华民族危急！只有全民族实行抗战，才是我们的出路！"

日军正在炮轰卢沟桥畔的宛平城

各界民众、各爱国党派和团体、海外华侨以及国民党的一些省市党部和基层党部，纷纷发出通电，举行集会，要求南京政府实行抗战。各界民众还募捐了大量款物，支援和慰劳第二十九军将士，并组织战地服务团、劳军团等到前线慰问抗战官兵、救护伤员。长辛店的铁路工人和战区附近的农民，则帮助修筑工事，运送伤员和弹药物资，传送情报。民众的抗日要求和热情，再次升腾起来。

日军的步步紧逼，全国人民强烈要求抗战的浪潮，迫使蒋介石不得不有所表示。7月17日，蒋介石发表庐山谈话，提出了解决卢沟桥事变的四个条件："（一）任何解决，不得侵害中国主权与领土之完整。（二）冀察行政组织，不容任何不合法之改变。（三）中央政府所派地方官吏，如冀察政务委员会委员长宋哲元等，不能任人要求撤换。（四）第二十九军现在所驻地区，不能受任何的约束。"表示："如果战端一开，那就是地无分南北，年无分老幼，无论何人，皆有守土抗战之责任，皆应抱定牺牲一切之决心。"实际上，"战端"已开，而蒋介石还"希望由和平的外交方法，求得卢事的解决"，还没有下定坚决抵抗的决心，只是准备"应战"而已。

卢沟桥事变后，日军增兵，扩大侵略范围，向平津地区进攻。中国驻军英勇抵抗，众多将士壮烈殉国，7月29日，第二十九军副军长佟麟阁和一三二师师长赵登禹，在北平南苑为国捐躯。同一天，北平沦陷。30日，天津失守。平津地区成为日军进攻华北和全中国的重要基地。

1937年8月，日军又制造了"八一三"事变，在上海又点燃了侵略战火，直接威胁到了蒋介石统治的政治和经济中心，也直接危害了四大家族和英美的利益。蒋介石由"七七"变后的准备"应战"被迫实行抗战。

8月14日，南京政府发表《自卫抗战声明书》指出："中国为日本无止境之侵略所逼迫，兹已不得不实行自卫，抵抗暴力。"声明"中国之领土主权，已横受日本之侵略……中国决不放弃领土之任何部分，遇有侵略，唯有实行天赋之自卫权以应之。"

1936年12月初一度中断的国共谈判，西安事变发生后又恢复起来。西安事变和平解决后，中国共产党为巩固和平、争取民主、实现抗战作出了不懈的努力，同国民党又进行了多次谈判。1937年7月15日，中共中

141

央向国民党递送了《中国共产党为公布国共合作宣言》，提出了奋斗的总目标："（一）争取中华民族之独立自由与解放，首先须切实的迅速的准备与发动民族革命抗战，以收复失地和恢复领土主权之完整。（二）实行民权政治，召开国民大会，以制定宪法与规定救国方针。（三）实行中国人民之幸福与愉快的生活，首先须切实救济灾荒，安定民生，发展国防经济，解除人民痛苦，与改善人民生活。"表示"愿在这个总纲领的目标下，与全国同胞手携手一致努力。"郑重向全国宣言："一、孙中山先生的三民主义为中国今日之必需，本党愿为其彻底的实现而奋斗。二、取消一切推翻国民党政权的暴动政策及赤化运动，停止以暴力没收地主土地的政策。三、取消现在的苏维埃政府，实行民权政治，以期全国政权之统一。四、取消红军名义及番号，改编为国民革命军，受国民政府军事委员会之统辖，并待命出动，担任抗日前线之职责"。由于国民党在"宣言"内容和红军改编问题上提出无理要求，致使谈判进展缓慢。

"八一三"事变后，抗日迫在眉睫。国民党才同共产党达成了红军改编的协议，并同意发表中共的"宣言"。

8月22日，南京政府军事委员会公布命令，中国工农红军改编为国民革命军第八路军，设立总指挥部，朱德、彭德怀为正副总指挥，下辖三个师。

9月22日，国民党的中央通讯社发表了《中国共产党为公布国共合作宣言》，23日，蒋介石发表《对中国共产党宣言的谈话》，承认了中共的"宣言"和两党合作抗日，因而在实际上也就公开承认了中共的合法地位。至此，以国共两党合作为基础的全国抗日民族统一战线正式建立。全国出现了团结抗战的新局面。

毛泽东在中共七大的报告中指出："从1937年7月7日卢沟桥事变到1938年10月武汉失守这一个时期内，国民党政府的对日作战是比较努力的。在这个时期内，日本侵略者的大举进攻和全国人民民族义愤的高涨，使得国民党政府政策的重点还放在反对日本侵略者身上，这样就比较顺利地形成了全国军民抗日战争的高潮，一时出现了生气蓬勃的新气象。"

日本发动全面侵华战争初期，采取"速战速决"方针，企图在3个月之内灭亡中国，将主要兵力用于国民党正面战场。中国军队抗击日军，至武汉

失守，先后进行了淞沪会战、太原会战、徐州会战和武汉会战四次大会战。

从1937年8月13日至11月12日的淞沪会战，中国军队由第三战区统一指挥，司令长官先由冯玉祥担任，9月17日以后由蒋介石亲自兼任，作战官兵在上海和全国人民支持下，奋勇苦战3个月，歼敌6万余人，粉碎了日军"速战速决"、3个月灭亡中国的美梦。会战中，中国军队英勇杀敌，许多官兵为国献身，表现了高度的爱国主义精神。9月上旬，保卫宝山县城的一个营，在营长姚子青率领下，与敌巷战肉搏，激战两昼夜，500余名官兵全部壮烈殉国。上海《大美西报》著文赞道："此次姚营全部殉城，其伟大壮烈，实令人内心震动而肃然起敬，此非仅为中国人之光荣，亦为全人类之光荣。其伟绩将永垂史迹而不朽。"10月下旬，驻守苏州河北岸四行仓库的800名官兵，在副团长谢晋元率领下，掩护主力部队撤退，孤军奋战4昼夜，毙敌200余人，直到奉令撤退，才杀出重围，退入公共租界。

日军于11月12日占领上海后，12月13日又进占南京。日军在南京进行了灭绝人性的大屠杀，30多万中国军民被害，其野蛮、残忍；令人发指，连纳粹德国驻南京使馆都认为："这不是个人的而是整个陆军即日军本身的残暴和犯罪行为。"

从1937年9月13日至11月8日的太原会战，中国军队由以阎锡山为司令长官的第二战区指挥，包括平型关战斗、忻口防御战和正太线防御战。太原会战虽然中国方面失利，但是，中国守军英勇抵抗，付出了重大牺牲，消耗敌军两万余人。其中，在平型关战斗中，中共领导的第一一五师，与正面友军防御部队相配合，于9月25日的侧后伏击战中歼敌千余人，击毁汽车80余辆，取得了抗战以来中国军队对日作战的一次大的胜利，打击了日军的嚣张气焰，鼓舞了中国的民心士气；9月27日，防守茹越口的中国驻军抗击进犯之敌，旅长梁鉴堂阵亡。在忻口防御战中，中国军队与敌激战达半月之久，伤亡10万人以上，第九军军长郝梦龄、第五十四师师长刘家骐、独立第五旅旅长郑廷珍等，以身殉国。驻守原平的一旅官兵，与入城之敌浴血奋战3天，旅长姜玉贞率200余名仅存官兵与敌肉搏，全部壮烈牺牲。

从1937年12月至1938年5月的徐州会战，由以李宗仁为司令长官的第五战区统一指挥，经过了津浦路沿线的初期保卫战、台儿庄会战和徐州突围 3 个阶段，历时 5 个多月，是抗战以来历时最长的一次会战。这次会战，中国军队虽然没有取得完全胜利，但全体官兵英勇作战，作出了重大牺牲，歼灭了数以万计的日军，为部署武汉会战争取了比较充分的时间。

在 1938 年 3 月、4 月的台儿庄会战中，驻守滕县的中国军队与敌顽强搏斗，第一二二师师长王铭章等牺牲，县长周同坠城殉职，300 多名重伤员以手榴弹互炸殉城。固守台儿庄的池峰城第三十一师，与冲进庄内的敌军进行逐房逐屋的争夺战，浴血坚守半月之久，后经内外夹攻，追击退敌，取得歼敌 2 万余人的胜利。台儿庄大捷，是抗战以来正面战场最大的一次胜利，振奋了士气和民心，全国为之欢庆。在徐州突围阶段，第六十军在台儿庄以东与敌激战，旅长陈钟书殉职；驻守蒙城的第四十八军第一七三师，与入城敌军搏战，副师长周元以下二千名将士全部殉城；第二十三师师长李必番在菏泽作战中率部冲杀，浴血肉搏，身负重伤，留下"愿我同胞，努力杀敌"的遗言，光荣殉国。

从 1938 年 6 月 12 日至 10 月 25 日的武汉会战，因蒋介石驻节武汉亲自指挥，由以陈诚为司令长官的第九战区和以李宗仁为司令长官的第五战区联合实施。会战在武汉外围沿长江两岸展开，遍及安徽、河南、江西、湖北四省广大地区，是抗战以来战线最长、投入兵力最多、牺牲最大的一次战役。中日两方军队在纵横千里的战线上激战 4 个多月，日军投入兵力 40 万左右，伤亡近 20 万，中国军队参战 110 万人，伤亡近 40 万。会战中，广大爱国官兵英勇抗战，众多健儿为国献身。其中，空军部队官兵配合陆军作战，战功卓著。他们先后出动数十次，昼夜轰炸长江中敌军舰船和沿江机场，炸沉敌舰 12 艘，击伤 24 艘。6 月 26 日，空军大队长沈崇海驾机赴安庆轰炸敌舰，不幸机身中弹，油箱起火，他本可跳伞脱险，但却毅然驾机冲向敌舰，与敌同归于尽，表现了中华儿女舍生忘死、保土为国的爱国精神。武汉会战，最后以中国军队失利而告结束，但却消耗了日军巨大的有生力量，使其速战速决、迫使中国屈服的目的化为泡影。

从 1937 年"七七"事变到 1938 年 10 月武汉失守，中国军队正面战场的作战，除个别战役外，总体上是打了败仗，节节抵御，节节撤退，丢掉了华北、华中的大片领土。这种局面的出现，客观上是由于敌强我弱、敌我力量悬殊所致。日本是一个工业相当发达的资本主义强国，在军事装备和军队训练素质等方面，都占有优势；中国却是一个经济落后的半殖民地半封建的弱国，军事装备和部队的训练等方面，都过于陈旧落后。这种强弱对比，决定了日本能够在中国有一定时期和一定程度的横行，中国军队不丧失一定的土地是很难的。然而，中国军队撤退如此之快，丢弃国土如此之多，则是由于主观上实行片面抗战路线、采取单纯防御战略战术的结果，还有指挥系统紊乱、部队庞杂、派系众多、矛盾重重以及有些将领保命保枪、不肯积极作战等因素。

蒋介石作为全民族抗战的领导者与指挥者，在抗战初期的 15 个月里，花费了心血，集中了精力，比较积极地投入了对日作战，打破了日本 3 个月结束中国战争、迫使国民政府投降的狂妄企图，在敌后战场的配合下，迎来了抗日战争的相持阶段。尽管还有许多不尽如人意之处，但应该说，蒋介石是做到了尽心尽力，忠于职守，在中华民族解放战争史上留下了值得称道的一章。武汉会战期间，毛泽东在给蒋介石的亲笔信中曾说："先生领导全民族进行空前伟大的革命战争，凡在国人，无不崇仰。15 个月之抗战，愈挫愈奋，再接再厉，虽顽寇尚未戢其凶锋，然胜利之始基，业已奠定，前途之光明、希望无穷。"

毛泽东的话不是夸张过誉之词，此时的蒋介石就是这样。

会战，出任司令长官

从"九一八"事变起，冯玉祥就力主抗日，并身体力行。"七七"事变后，冯玉祥与蒋介石在抵抗与不抵抗方面的分歧，已基本消除，二人共赴国难，奋起抗日，但冯玉祥表现得更为激进，更为坚定。

卢沟桥响起了抗战的炮声，冯玉祥就特别关注前线的战事，1937 年 7 月 8 日，他给第二十九军将士发去电报："诸君革命军人，抗敌守土之责，断不容丝毫退让，以保千万年之光荣历史也"。

7 月 10 日，冯玉祥为卢沟桥事变发表谈话，指出：卢沟桥事变是日本帝国主义一贯的侵略野心造成的，是"九一八"故技在华北的重演。我国固然希望和平，但断不能容忍侵略事态的延续与扩大，为了国家的独立自由，全国军民应团结一致，为民族生存，为国家复兴，而坚决奋斗。

8月6日，冯玉祥又在中央广播电台发表《我们应如何抗敌救国》的讲演，指明侵略中国的是凶横残暴的日本军阀，而日本人民的大多数是爱好和平、拥护公理和正义的，但是，中国政府对于日本帝国主义和军阀绝不应再存有丝毫幻想，只有以抗战的手段，才能取得真正的和平，取得国家的自由与平等。认为要争取抗战胜利，就应当发扬民族精神，像岳飞等人的忠心报国精神，把自私、不诚、怕死、为家不为国、明哲保身等观念铲除净尽。

冯玉祥的这些言论，在当时国民党的上层人物当中，是不多见的。

"八一三"抗战爆发后，8月15日，冯玉祥在苏州就任第三战区司令长官，指挥淞沪会战。

冯玉祥如愿以偿，终于获得了一个能直接指挥抗日战争的机会。他十分珍惜这个难得的机会，第三战区司令部成立后，委任了一批愿为抗日救国献身的人员，准备在会战中大干一场，报效国家和人民。他随时准备为抗日救国献出生命，不怕敌机跟踪轰炸，亲临上海郊区指挥作战。他为中国军队的每一胜利而欢欣鼓舞，又为将士们的英勇作战而深深感动，写诗颂扬800壮士坚守四行仓库的英雄事迹："全国军人都如此，倭寇还向哪里跑"。

冯玉祥为了在会战中有效地抗击日军，为了使已经发动起来的抗日战争得以胜利地进行，就前线所见到的情形及所想到的问题，积极不断地向蒋介石提出建议。

根据战场形势，8月27日，冯玉祥致电蒋介石，提出"江浙两省，乃我国政治、经济及文化之中心""实有速增重兵之必要"，认为敌军正源源不断地增援，上海附近之敌，应迅速解决；我军颇有伤亡，增兵可鼓励志气，增强实力。因此，要求蒋介石"于一周内再调拨10万大兵，增援首都以东之战区，以固此全国精华之要地。"29日，又向蒋建议"兵贵精，尤贵多，诚以非有极厚之兵力，不足以收最后之胜利"。

冯玉祥还就作战工事、后勤供给及伤病员医治等问题，向蒋介石提出建议。

冯玉祥尤为重视发动民众，他在8月29日给蒋介石的电报中提出："现当对敌抗战，非唤醒民众不可"，认为"此力量即是真正救国之大力量"。

冯玉祥还把亲手拟就的《抗日救国问答十条》呈送给蒋，供蒋采纳参考。

冯玉祥力图调动一切抗日的积极因素，8月25日建议蒋介石请李济深、陈铭枢来京，酌量任用，以增强抗日力量。9月1日，又向蒋推荐陆军大学教育长杨杰，指出杨"学识兼优，谋略出众"，希望蒋能"早为重用，以利戎机"。

冯玉祥的屡屡建议，蒋介石大多都有回电，不是"尊电极是"，就是"所陈各节甚当"，但是，真正采纳实行者却为数寥寥，甚至没有。

实际上，淞沪会战的真正指挥者是蒋介石，大小战事都由他亲自过问，而参战的一些将领则直接听命于蒋，对冯只是表面上敷衍而已。冯玉祥的指挥权被架空，他的指挥作用受到限制，他的作战意图无法实施。面对蒋介石越级指挥所造成的前方军事混乱，他更是无可奈何。张发奎是参加会战的集团军总司令，8月18日问冯，前头一连炮队不知哪里去了，是不是冯下令调走了？冯回答说："不知道"。查来查去，才知道是蒋介石隔着司令长官、总司令、军长、师长等多级指挥官，直接把这一连炮兵随便调走了。对此类情形，冯玉祥无力制止。

冯玉祥满腔抗日热忱，却不能充分施展，心中十分气闷，除了跑空袭和作他自称的"丘八诗"外，基本上无所事事，而蒋介石还言不由衷地说"大哥不要客气！"冯气恼地回答说："我有两个任务，一为等死，等日本人来杀死；一为作诗。"

9月17日以后，冯玉祥被调离第三战区，司令长官一职由蒋介石亲自兼任了。

1937年9月，因北方平津沦陷、马厂失守后，各军群龙无首，纷纷溃退，极其紊乱，蒋介石将津浦线划为第六战区，并通过白崇禧请冯出任该战区司令长官，冯说："无论哪一方面都好，只要和日本作战，我没有不乐意的。"

9月12日，冯玉祥奉命返回南京，13日即乘车沿津浦路北上。路过济南时，冯玉祥劝韩复榘坚持抗日，对韩说："只有抗日活着光荣，死了也是无上光荣。"此时张自忠由北平脱险后，辗转来到了济南，冯即给蒋介石写信，请求允许张回部队带兵抗日，并对韩、张二人说："你们能以真心抗日，无论叫我帮什么忙，我都愿意。"

就任第六战区司令长官的冯玉祥

9月17日，冯玉祥正式就任第六战区司令长官，进驻桑园督战。此时，正值日军抽调平津兵力增援晋北平型关之际，平津兵力空虚，是中国军队一举收复平津的大好时机。于是，冯玉祥令战区副司令长官到前方布置李文田、黄维纲、刘振三等部分四路从右翼抄袭敌军后路，给敌以拦腰一击，津浦线正面则调韩复榘部一个旅向北攻击，收复沧州并直捣平津。但是，冯的这一作战部署并未得到贯彻，抄袭敌人后路的部队只有一路遵照命令出击，其余各路均未完成任务。李文田和黄维纲只走了五六里路就不再前进了，李文田对黄维纲说，不能再走了，冯长官的命令，不能不听，咱们出来敷衍敷衍老长官的面子就够了；蒋总司令是不主张抗日的，我们打胜了，他不喜欢。

冯玉祥把这件事如实地电告蒋介石，但不见蒋的任何回音。

津浦线上的部队大多是西北军旧部，蒋介石任命冯玉祥为第六战区司令长官，是想利用冯与西北军旧部的关系，组织部队阻挡日军南下。但是，蒋介石又怕冯玉祥重新掌握对旧部的指挥权。既用冯，又不放心。第一战区总参议萧振瀛看透了蒋的心思，为了迎合蒋的需要，不去一战区就职，却先于冯玉祥到六战区搞挑拨离间活动，宣扬什么"拒绝冯玉祥，罢免张自忠，推倒宋哲元，拥护冯治安"，使六战区的军队不服从冯的指挥，从而使冯无法掌握和指挥部队。

冯玉祥在第六战区和在第三战区一样，名为司令长官，指挥权却被架空了。

10月初，津浦线上的中国军队都已撤退到平汉线方面。10月7日，冯玉祥也转到郑州，9日到邢台，同第一战区司令长官程潜会商平汉线方面的作战计划。20日，冯玉祥在新乡接南京来电，请他回京参加国防会议。冯回到南京后，即被蒋免职，第六战区也就取消了。

冯玉祥在回到南京之前，10月13日，曾电告蒋介石，总结了第六战区战况不好的原因：一是六战区的部队，大都是平津战败后退下来的，士气低落；二是各部之间互相猜疑；三是韩复榘保存实力，不听指挥，致使德州失守，津浦战场被劫。

11月1日，冯玉祥在日记中倾诉了他对战事的看法和内心的不满，指出：军区司令官权限不明，有职无权，无法督战；蒋介石不信将官信政客，应赏者不赏，应罚者不罚；战区补充兵额太慢，地雷队、炸弹队太少，没有掘地队，没有电网、铁丝网；民众毫无发动，伤兵和散兵等得不到适当安排。

冯玉祥抗战伊始，就先后出任两个战区的司令长官，本可为神圣的民族解放战争做出更大的贡献。然而，蒋介石的限制与猜忌，使他力不从心，不能痛快淋漓地指挥部队与敌搏斗。

但是，冯玉祥不灰心，不气馁，尽管回京后没有了实际职务，却心系抗战大业，通过其他方式贡献自己的力量。

冯玉祥得知中国军队牺牲数量很大，又得不到补充后，寝食不安，利用书信鼓励旧部坚持抗战，1937年11月上旬，就分别给13名将领发去信函，他在给韩复榘的信中写道："余平生不求尔等，只此一次，即全力抗日也。"

冯玉祥致力于抗日的宣传鼓动，亲自撰写了《日本并不可怕》《我们一定胜利》《战区民众组织》《战区难民救济》等多种著作，以"胜败固兵家常事，但怕者必败，不怕者必胜"等语言，鼓励军民坚定抗战必胜的信心。

冯玉祥多次向蒋介石建议，授权给蔡廷锴、孙良诚等无职将领，令其召集旧部，上阵杀敌。

冯玉祥抗日心情之急切，态度之坚决，远在蒋介石之上，亦为国民党众多高级将领所不及，其抗战志，爱国心，值得称赞。

限制民众与发动民众

蒋介石参加并且也领导了抗战，在武汉失守前也显现了较大的抗日积极性，对抗日民主运动也有了某种程度的开放。不过，蒋介石推行的是片面抗

中在武汉办公。蒋介石命冯玉祥先到平汉线南段视察国防工事，然后赴武汉。

11月21日，冯玉祥离开南京，由津浦路转陇海路，入平汉路，30日到达武汉。一路上，冯玉祥除视察了漯河、西平、信阳、武胜关等地的工事外，还进行抗日宣传，亲自做民众的发动工作。

在陇海路上的一所小学校，冯玉祥为该校题写了"还我河山"四个大字，向全校师生讲话中指出，日本的目的是灭亡我们的整个国家，只有一致起来，和日本帝国主义拼命，我们才有出路。冯玉祥讲述了淞沪抗战中某空军英雄的事迹，鼓励大家学习英雄，发扬爱国精神。

在平汉线郾城，冯玉祥先后对几所中学师生发表演讲，分析了抗日的有利形势和日本的内部矛盾，鼓励师生们积极投身于抗日救国的行列中来。冯玉祥还赠送给该县县长一副对联，写道"救国安有息肩日，爱民方为绝顶人。"

在平汉线的西平、确山和信阳，冯玉祥或向当地师生，或向当地驻军，或向当地基督教教士，多次进行抗日宣传，指出："要竭尽我们的人力财力，为国家为民族，努力奋斗。最后的胜利，一定会属于我们的。"他要求地方上父老兄弟们，要尽力照顾好前方运来的大批伤员，希望学校教育要适应战争的环境和抗日的需要，教给学生军事技术，使他们能在敌人后方做游击战斗和破坏敌人交通等工作。

冯玉祥在武汉期间，为了宣传民众，发动民众，编写了《民众救国问答》《抗日的伟大民众》和《抗日游击战术问答》等小册子，这些宣传品通俗易懂，在民众中广为散发，起到了很好的作用。

冯玉祥特别注重人民在战争中的作用，认为具有伟大民族意识的人力，是抗日民族革命战争的基本力量；机械固然是利器，但机械要靠人来制造，也要靠人来使用。

1938年春夏之际，冯玉祥受蒋介石委派到豫西、豫南和鄂东等地视察"国防工事"，奔走了3个月，依然是到处发表抗日演讲，动员民众从军杀敌，指出："非抗日不能救国家，非抗日不能救同胞，凡是有血性有良心的青年，都应该从军杀我们的敌人。"在他的宣传鼓动下，不少青年自觉自愿地参军抗敌，并出现了母亲送儿、妻子送郎的动人情景。

8月，冯玉祥患恶性疟疾，住入武昌东湖医院。14日，蒋介石亲自探病，劝冯不要着急，要安心静养，以期早愈，言语间谦恭和蔼，并说："有什么事，我来向您报告。"冯玉祥又一次被感动，认为蒋本人还不坏，只是他左右的人不好。冯玉祥病愈后，8月25日，给蒋写信表示感谢，并真诚地提出3项建议，第一项就是发动民众问题，指出："今日之抗战，民族解放之抗战，必须发动民众之所有力量，然后方能持久，方能取胜"。又说，一年来，抗战失败的一大原因是未发动民众。信中希望蒋介石能毅然决然地打破"包而不办"的恶现象，"以开崭新之途径"。

抗战后期，1944年8月22日，冯玉祥写信给蒋，再次强调"民为邦本"，向蒋提供了通俗易懂的《军纪问答》，建议：每日吃饭前，官问兵答？同年9月20日，又写了《爱民十问答》呈送给蒋。冯玉祥在这些"问答"中，明确指出老百姓是主人，军队要尊重老百姓，爱护老百姓，帮助老百姓。

冯玉祥的肺腑之言，真诚的建议，蒋介石却置若罔闻，束之高阁，不予采纳。

蒋介石是当权者，抗日固然是他心目中的一件大事，但维护既有的统治地位，更是他心目中的一件大事。蒋介石明白，群众发动起来，尽管有利于抗日，但对于他的独裁统治，却是有害而无利；群众一经发动起来，就意味着群众有了自由，有了自由就会要求民主，民主潮流的发展，就会直接冲击现政权，那将是十分危险的。蒋介石参加抗日的出发点，就是为了维护现有统治，因发动群众抗日而有害于现政权，对他来讲是赔本的买卖，是无论如何也不能允许的。限制民众运动在蒋介石的头脑里是理所当然的。

冯玉祥是国民党的上层人物，不过，他不掌实权，不是当权派。冯玉祥积极抗日，主要是出于民族大义和爱国精神，不像蒋介石那样，把维护四大家族统治作为抗日的出发点，如何坚持抗战，如何争取抗战胜利，是他考虑的头等大事。既然抗战需要民众参加，民众发动起来有利于抗战，他就毫无顾忌地宣传群众、发动群众。从抗日大业出发，充分发动民众运动在冯玉祥的思想里也是理所当然的。

他们都无可奈何

蒋介石不给冯玉祥以抗战实权，冯玉祥却把抗战视为头等大事，遇见就管，看见就说，不管蒋介石愿意不愿意，高兴不高兴，凡是有关抗战之事，或面谈，或电函，屡屡进言，弄得蒋介石头痛心烦，无可奈何：自己既标榜抗日，冯玉祥的主张和建议均与抗日有关，便无理直接回绝，表面上不得不听；但冯玉祥的主张又与自己的想法相去甚远，不能采纳实行，只得虚与委蛇，敷衍了事。

冯玉祥对抗战中的弊端不满，对蒋介石的一些主张和做法不满，为了抗日大业，他提出许多有价值的建议，可是，蒋介石表面上虚心纳谏，实际上却置诸脑后，弄得冯玉祥也是无可奈何：自己无权，既不能直接率兵抗日，又无力制约蒋介石的言行，况且，国民党的抗战还要依靠蒋介石出面领导，不能与他闹翻，只好积极向他出谋献策，希望他吸取采纳，推动抗战，此外，别无他途。

冯玉祥与蒋介石同在武汉，二人近在咫尺，冯玉祥积极宣传抗战，不断提出建议，蒋介石感到他碍手碍脚，便设法将他支出武汉，1938 年 9 月，委任冯玉祥为督导长官，负责检阅和督练新兵。

9 月底，冯玉祥率领 20 几名文武官员离武汉南下，经长沙、常德、衡阳等地到桂林，后又到贵州、四川等地。冯玉祥一面检阅部队训练情况，直接指点具体训练方法，一面发表演讲，宣传抗日，并与有关人员共商抗日大计。同时，又接连不断地致电蒋介石，报告各地存在的不利于抗战的军政民政弊端，甚至亲自跑回来面见蒋介石，提出自己的抗战主张。

督导长官本是个有职无权的闲差，可是，冯玉祥十分认真地对待此项职责；蒋介石本想把冯玉祥支走，免得成天在耳边大谈抗日，可是，冯玉祥人走了，电报却源源不断，他的声音仍在耳边回响，这些都出乎蒋介石的意料。

冯玉祥在长沙去益阳路上的一个小县，有人向他述说，军队纪律太坏，把塘水放走了弄鱼吃，老百姓的鱼没了，栽秧时水也没了，简直是要老百姓的命。冯玉祥就此事给蒋介石拍了电报，蒋回电说，已叫军政部派人去查了。

冯玉祥到了益阳附近，看见贵州送来的新兵，个个面黄肌瘦，大风一刮可能就倒；有病的，放在路旁无人过问；有的病重，但还没有死，就被长官埋掉。冯玉祥认为这是破坏抗战，只能使敌人欢喜，也打电报报告了蒋介石，蒋回电说，已经命令主管机关改善了。

冯玉祥在宝庆看见士兵冻得很厉害，问带兵的长官为何不给士兵领衣服？回答说，军政部的办事人员叫我花钱、送礼，不这样，衣服不发给我。又说："今天的政治，算是黑暗到万分了，什么道理都不讲，非花钱不能办事。"冯玉祥把这位长官的名字和所说的话，都记了下来，打了电报给蒋介石，蒋回电说，已派人查发了。

冯玉祥在衡阳附近看见有些部队官兵吃不饱、穿不暖，待遇差，便把在湖南所见部队情况电告蒋介石，并提出建议：嫡系与非嫡系部队，待遇必须平等；所有官兵必须吃得饱、穿得暖；必须想到官长的父母妻室儿女，要靠他们供养。

军政机关批公事、发东西，不能要钱索礼；医院里伤兵待遇太坏，应改良办法。电报强调指出："以上各点关系特别重要，都是马上非改革不可。"电报发出，不见回音，再去电询问，回电只说收到了电报，不作任何回答。

1938 年 10 月下旬，冯玉祥到达桂林。10 月 26 日，李烈钧来到冯的住所，有如下一席对话。

李："武汉丢了，你知道不知道？"

冯："刚听见的。"

李："这是一个重要关头，我们要不努力，恐怕蒋介石就要投降敌人，现在他正在衡山，你赶快去找他，对他说无论如何，万万不能投降！"

冯："我说的话太多了，恐怕没有效果。"

李："据我所知，只有你可以转移蒋介石，蒋要打广东、广西的事还不是一件证明吗？我是亲耳听见你同蒋说的，他果然没有打他们。现在为抗日，你更应当去说了。"

冯："很好，你看什么时候去说呢？"

李："马上就走。"

冯："要那么快吗？"

李："非快不可，愈快愈好。"冯玉祥想到："对抗战大计，当说的必须说，当做的必须做；做而有困难，是我做得不好，不能怪环境；说而不能听，是我未说明白，不能怪他人。"冯玉祥决意见蒋，即刻动身，从李来到至起程，前后不到20分钟，就匆匆上路了。

10月28日，冯玉祥赶到衡山，蒋介石已乘飞机去了长沙。29日，冯玉祥又赶到长沙，在容园与蒋会面。蒋见冯突然来到，有些惊慌失措的样子问道："您不是去桂林吗？怎么又回来呢？"冯说："因为有重要的事要说。"蒋问："武汉失守，你看我们应该怎么办？"冯说："要让全国都明白，广州失陷，武汉撤退，都不要紧；我们抗战已益入佳境，抗战到底必定胜利。"接着，冯玉祥讲了《三国演义》中赤壁战前东吴君臣的一段故事，借用鲁肃劝孙权只能战不能降的话劝蒋："任何人都可以言和，唯主公不可。"并鼓励蒋要有孙权拔剑砍桌那种自誓决心，"委员长亦应如此一砍，对众宣言，如再有敢和者，即是汉奸国贼！必定要这样办，方能使人人坚定信念；那些丧心病狂的张昭们(喻指投降派)才可以凛然敛迹。"蒋听了表示赞同："成了，谁敢再说和，我就按照您说的对待他！"接着，冯又提了十多条有关抗日救国的建议。蒋说："您说的都极重要，最好请您写下来给我。"10月30日，冯玉祥将所提建议加以补充，写成具有十七条内容的《上委员长书》，其中有一条是："为整饬政治，以适应目前新阶段，实有改组政府，使成真正抗日政府之必要"。蒋介石确实没有向日本讲和投降，依然坚持抗战，但是，对政权的把持也是依然如故，连冯玉祥等主张积极抗日和开放政治的人都不能起用，"改组政府"之事就更是无从谈起了。

冯玉祥离开长沙后，继续履行他的督导职责。

冯玉祥在贵阳附近视察部队时，发现有一旅人马武器装备齐整，住在一处很好的营房里，经询问，得知这是军事委员会的卫队旅。冯问旅长："你们为什么在这里？"回答说是"在后边给委员长看东西的。"冯说："前方打仗打得很紧，你们拿着这个好家伙藏在这里，真是想不到的。"冯马上给蒋拍了一封电报说："怕你忘了吧！这里有这么好的一旅人，为什么不调到前方去打仗呀？"电报发出后，如石沉大海，没有回音。

冯玉祥在遵义为新兵部队讲话时，有几个士兵倒下，走过去一看，知是因冻而倒。时值隆冬，士兵们穿的还是单布衣裤。冯玉祥把这情景拍照并电告蒋介石，指明新兵与抗战前途的关系，说明虐待新兵的罪责不可逃。冯玉祥视察川东时，致电蒋介石报告，抗战官佐眷属流落后方，无人照顾，又不安全，电报建议，在后方各重要城市设立抗战眷属经理机关，为眷属解决衣食住行及子女教育问题。电报还反映："川东各县乡村基层组织，腐败已极。"1939年3月12日，冯玉祥又给蒋介石发了电报，集中地报告了伤兵的悲惨境遇：缺少衣被，无法御寒，满身疮疥，污秽不堪，致有自缢而死者；被转运的伤兵，饮食医药，无人负责，运船往往翻沉，惨遭淹死者，为数甚多；有些伤兵在公路上匍匐爬行，呻吟哀号，目不忍睹；医院工作人员有极恶劣者，私吞士兵给养费，甚至强毁伤兵证件而捏报死亡，以骗支葬费……冯玉祥指出：以上情况"不但无以对我伤兵战士，且使人民见而寒心，影响抗战，至深至巨。"冯玉祥在各地不断揭露大后方军政民政方面的弊端，暴露了国民党统治的黑暗与腐败，引起了当政者的不快，1939年5月以后，他的督导工作也就被停止了。

外战中的内战

1938年10月，日军占领武汉、广州以后，抗日战争进入了战略相持阶段。

战略相持阶段到来后，日本的侵华方针有了新的变化：战略上，由以前的速战速决改为持久战争，宣称要打所谓"百年战争"，同中国进行一场"比赛忍耐力"的战争；进攻重点上，由以前的重视国民党、轻视共产党，改为重视共产党、轻视国民党，以主要军事力量来对付解放区战场，因为它发现，那些衣着不齐、武器不精的八路军、新四军的游击战，严重地威胁了它的后方；对国民党的策略上，由以前的军事打击为主、政治诱降为辅，改为政治诱降为主、军事打击为辅，加强了诱降活动。

中日战场形势的变化和日本侵华方针的改变，对国民党的内外政策产生了重大影响。

1938 年 12 月，国民党汪精卫集团公然叛国投敌，1940 年 3 月，在南京成立了汉奸政权——伪"国民政府"。

1939 年 1 月，国民党召开了五届五中全会，蒋介石集团的政策也发生了变化，由积极抗日转为消极抗日，把重点投向反共方面，制定了"溶共""防共""限共""反共"的具体政策，还设立了专门的"防共委员会"。

蒋介石始终把中共看作是"心腹之患"，不消灭中共，他"死不瞑目"。抗战前，他以武力对中共进行军事"围剿"。抗战爆发后，他虽与中共合作抗日，但仍念念不忘消灭中共，只不过是改变一下策略，由武力"剿共"变为政治"溶共"而已。1938 年 12 月 12 日，他在重庆约见王明、博古、董必武、吴玉章、林伯渠等中共人士时说："共产党员退出共产党加入国民党，或共产党取消名义，整个加入国民党，我都欢迎。"还说："我的责任是将共产党合并国民党成一个组织，国民党名义可以取消。我过去打你们，也是为保存共产党革命分子合于国民党。此事乃我的生死问题，此目的如达不到，我死了心也不安，抗战胜利了也没有什么意义。所以我的这个意见，至死也不变的。"抗战以来中共领导的人民力量的迅猛发展，使蒋介石感到恐惧与不安，在力图"溶共"的同时，还伺机给中共以限制和打击。当日军停止战略进攻，正面战场大致稳定时，蒋介石就把政策的重点转向了中共，不单单是政治上"溶共"，而且还有军事上的"反共"，从而出现了外战中的内战。

五届五中全会后，国民党加紧了反共活动。

1939 年 3 月至 11 月，先后制造了博山、深县、平江、确山等多起惨案，惨杀中共军政人员和家属 1600 余人。

4 月，密订《限制异党活动办法》，6 月，制定《共党问题处置办法》，规定：

由党政军协同一致，处置各地共产党问题；

共产党在各地不得有任何公开或秘密组织，不得单独设立机关报、杂志与书店，不得进行统一战线、民主政治问题的活动及共产主义思想的宣传；

共产党员非经中央特许，绝对不准在部队机关、军事学校、交通及产业机构中服务；

八路军与新四军应统一编制、限制兵额，不得擅自补充或扩编，不得越出指定区域作战，不得与地方发生关系，不得作民众运动；

绝对否认陕甘宁边区，严令解散晋察冀边区政府及其各县地方政权，共产党在华北各游击区内组织的地方政权，应即令移交冀察战区党政委员会分会；

加派有力部队或忠实精干之游击干部前往冀鲁，以加强本党在华北之武力，压制共产党之发展。

按照这些规定，国民党的反共活动愈演愈烈，终于在 1939 年末 1940 年初升级为军事进攻——史称"第一次反共高潮"。

在陕甘宁边区，1939 年 12 月，胡宗南等部袭占了淳化、栒邑、正宁、宁县、镇原五座县城，并袭击合水等地的八路军。边区军民自卫反击，给国民党军以严厉打击。1940 年春，国民党绥德专员集合五个保安大队，袭击八路军河防部队。八路军反击，并乘胜驱逐了绥德地区五个县的国民党官吏，使陕甘宁边区与晋西北根据地连成一片。此后，国民党军对边区进行长期封锁和围困。

在山西，1939 年 11 月，阎锡山部进攻决死第二纵队和八路军晋西独立支队，遭到抗击。决死第二纵队和晋西独立支队转移至晋西北地区，晋西南地区被阎军占领。从 12 月起，阎军在蒋介石中央军配合下，向晋西北和晋东南的八路军和决死第一、三纵队进攻。八路军和决死队合作反击，给阎军以沉重打击，使晋西北成为完整的抗日根据地，粉碎了蒋、阎军夺取太南、太岳根据地的企图。为争取阎部继续合作抗日，八路军主动休战。1940 年 2 月，中共中央派代表与阎谈判，双方协议，以汾阳经离石至军渡的公路为界，以南为阎军防区，以北为八路军防区。

在晋冀鲁豫地区，1939 年 11 月和 1940 年 1 月，朱怀冰、石友三部先后向冀西和冀南的八路军进攻。八路军在两地反击，消灭和击溃进犯军大部。为了维护团结抗日大局，八路军一二九师师长刘伯承曾向朱怀冰发出劝告："我们以大局为重，一让再让，已经退避三舍了，实在无地可退，你们总得让我们抗日有地界。我们一二九师一个师抵抗了 10 万日军，10 余万伪军，并非怕你们。不过，我们为了团结抗战，不忍同胞自相残杀，要是有人逼人太甚，我们是有根据地的人民作后盾的。"朱怀冰执迷不悟，进攻受挫后，

1940年2月，又奉蒋介石之命到八路军总部，要朱德把部队撤到白晋路以东、邯长路以北，把太岳、太南一带让给他们，并说："军令政令要统一，八路军必须执行这个命令。"朱德说："我们也抗日，你们也抗日，为什么要让你们？蒋委员长的这个命令是行不通的。"朱怀冰以动武相威胁："是让还是打？"朱德说："大革命时候，我们让过一回，让坏了，我们现在的领袖叫毛泽东，不是陈独秀，我们又有八路军，为什么我们就让给你？我们红军改编八路军以来，一直没有打内战；但是，你们要打，我们一点也不怕。"朱怀冰不听劝告，与石友三部再次向太行、冀南的八路军进攻。2月和3月，八路军第一二九师等部奋起反击，一举歼灭朱怀冰部万余人。八路军取胜后，主动停战，经与第一战区司令长官卫立煌谈判，商定以临屯公路和长治、平顺、磁县为界，以南为国民党军防区，以北为八路军防区。

就这样，国民党蒋介石集团发动的"第一次反共高潮"平息了下来。

蒋介石在华北制造的反共摩擦失败后，便将反共的重点移向华中的新四军身上。1940年初，蒋介石密令顾祝同、韩德勤、李品仙等部在华中加紧反共摩擦，以截断新四军与华北八路军的联系，阻止新四军在江北的发展。3月，李品仙、韩德勤联合进犯皖东根据地，遭到新四军反击。5月，国民党军又三路包围进攻新四军：顾祝同、冷欣进攻皖南、苏南；韩德勤进攻皖东、苏北；李品仙进攻皖中。新四军继续自卫反击，6月，江南新四军重创冷欣部队，保卫了苏南阵地；江北新四军重创李明扬、李长江所部，打开了东进之路；10月，陈毅、粟裕指挥苏北新四军进行了黄桥战役，歼灭韩德勤主力万余人，奠定了苏北抗日根据地发展的基础。

1940年7月，国民党曾向中共提出了一个"中央提示案"，要求八路军、新四

在武汉会战中，中国海军中山舰被日机击沉，舰长萨师俊及部分官兵壮烈殉国

军的人数削减五分之四，并在一个月内全部集中到冀察及鲁北、晋北，此后不得越境作战。中共拒绝了这个无理要求。国民党军在黄桥等战役中失败后，10月19日，蒋介石又指使正副参谋长何应钦、白崇禧致电朱德、彭德怀、叶挺、项英，再次限令黄河以南的八路军、新四军在一个月内开到指定的作战地区。

11月9日，朱、彭、叶、项致电何、白，驳斥了来电中对八路军、新四军的攻击中伤，婉言拒绝了强令华中部队北移的无理要求。但为顾全大局，坚持团结抗战，电报中表示，江南正规部队可以北移，但国民党要停止"剿共"，以安定全国军心民心。经国民党同意，新四军决定经苏南北移。

11月14日，国民党军令部拟定了一个《黄河以南"剿灭"共军作战计划》：第三战区司令长官顾祝同所部于1941年1月底以前"肃清"江南新四军，然后进兵"肃清"苏北的八路军、新四军；第五战区司令长官李宗仁所属之李品仙、冯治安、王仲廉和汤恩伯部，于1941年2月底以前"肃清"黄河以南的八路军和新四军。12月7日，蒋介石批准了这个计划，下达各部队执行。

12月8日，何、白复电朱、彭、叶、项，仍然强令黄河以南的八路军、新四军开到黄河以北。10月，蒋介石密令顾祝同，按计划妥为部署，如江南新四军至限期（12月31日）仍不北移，应立即将其解决，勿再宽容。顾祝同即调集七个师的兵力，在皖南泾县茂林一带布置阵地。

1941年1月4日，新四军军部及在皖南的部队共9000余人奉命北移，由泾县云岭出发绕道前进，6日在茂林地区遭到8万多国民党军队的包围和袭击。新四军军长叶挺指挥部队苦战七昼夜，数次打退国民党军的进攻，终因众寡悬殊，弹尽粮绝，陷于危殆之中。为挽救危局，保全部队，叶挺到国民党军中进行停战谈判，被无理扣押。14日，新四军阵地完全被占领，除约2000人分别突围外，大部分壮烈牺牲，政治部主任袁国平在突围中阵亡，副军长项英、参谋长周子昆被叛徒杀害。

皖南事变，是蒋介石有计划有预谋的反共军事行动。1月17日，蒋介石又以军事委员会名义宣布新四军为"叛军"，取消新四军番号，将叶挺交付"军法审判"，第二次反共高潮达到了顶点。

161

中共以各种方式提出严重抗议，揭露了事实的真相和国民党的倒行逆施，解放区军民做了反击的充分准备；全国人民和海外华侨纷纷谴责国民党，国际舆论也对国民党提出责难。蒋介石处于十分孤立的境地，反共的军事行动不得不有所收敛，3月8日表示，皖南事变"不牵涉党派政治"，保证"以后决无剿共军事"。

但是，蒋介石说话是不算数的，在1943年掀起的第三次反共高潮中，又以四五十万部队包围陕甘宁边区，准备发动大规模的军事进攻，由于中共的事前揭露和军事上的充分准备，才被迫停止行动，而未演成再一次的军事冲突。

1945年8月，毛泽东赴重庆谈判时对国民党代表说：八年抗战，大家一致打日本。但是内战是没有断的，不断的大大小小的摩擦。要说没有内战，是欺骗，是不符合实际的。

蒋介石在外战中发动内战，同室操戈，自相残杀，亲者痛，仇者快，为了自己和少数人私利，不顾民族大义，在历史上又写下了不光彩的一页。

真诚的联合

蒋介石联共抗日出于被迫，抗日中还念念不忘限共、反共，而冯玉祥的联共则是自觉的、真诚的，并把抗战胜利的希望寄托在与中共及军队的联合上面。

这是蒋冯二人共赴国难中的又一重大分歧。

冯玉祥与中共有过多年的交往，与蒋介石也打过多年的交道，在实践中，在对比中，使他感到中共对他只有热情帮助而没有任何损害，远远胜过他的"谱弟"蒋介石。他在给四川刘湘的一封信中曾说："我同共产党交朋友，没有吃过亏；同蒋介石拜把兄弟，可弄得我好惨，请以我为鉴。"

如前所述，早在1937年2月国民党五届三中全会上，冯玉祥就力主恢复孙中山的三大政策，联共抗日。全面抗战爆发后，当红军改编为国民革命军第八路军、国共实现了合作抗日时，冯玉祥十分高兴，并对蒋介石说："只有这件事，你办得对。"
不久，传来了八路军平
型关大捷的喜讯，为此，
冯玉祥多次称赞八路军，
认为不管谁取得胜利，
都是中国的胜利，何必
分什么你我高低呢。冯
玉祥在武汉时，从中共
党员那里得知了八路军
的有关情况，使他逐步

冯玉祥（左一）出席重庆慰问抗战军人会议

认识到陕北的确有人完全牺牲自己为他人而生活，那里吃穿极苦，但精神极
快活，各级生活极平等，认为在朱德统帅下的共产党军，更是奋勇杀敌。于
是，他给自己手枪队的大部分人员发放了路费，让他们到陕北去求学。同时，
又直接向蒋介石提出："可不可以派人到陕北去看一看？好的，我们学他的；
坏的，对他指示。"1938年2月14日，周恩来到冯玉祥的武汉寓所拜访，
交谈了对时局和抗战前途的看法，特别详细地探讨了前一段华北和上海作战
指挥的得失。二人谈得十分畅快和投机。当天，冯玉祥在日记里记下了对周
恩来的印象："极精明细密，殊可敬可佩也。"周恩来离开后，冯玉祥对他
周围的人感慨地说："我知道的东西太少了。"第二天，他在会客室写下了
八个大字："吃饭太多，读书太少。"

　　2月19日，冯玉祥到汉口同周恩来等会见，周恩来向他谈了正在日渐
发展的国共摩擦的情况，他感叹地说："自己不努力，反要阻止他人活动，
在这种时代不求进步，是一种自杀办法。为大众谋利益，为大众而信仰，哪
有这种办法？""应当多送学生去陕北学习，以应时代的推动，不要被时代
的齿轮压炸了。"在武汉和重庆期间，冯玉祥同周恩来等时常接触，同共产
党的关系更加密切。

　　中国共产党在国民党统治区公开发行的唯一报纸——《新华日报》创刊
时，冯玉祥热情题词："大众喉舌"。

　　中共派人到冯处教唱抗日歌曲，周恩来派中共党员为冯讲解抗日民族统

一战线和游击战的道理，冯玉祥都热情欢迎。邓颖超到冯处讲妇女工作时，题写了"精诚团结，贯彻始终"8个大字，冯玉祥深表赞同："现在就是要写这个，抗日和团结，不能分开。"

冯玉祥接受了周恩来的建议，创办了三秦印刷社，印刷了大量抗日宣传品和《列宁全集》、毛泽东的《论持久战》和《新华日报》社论的单行本等。

冯玉祥对中共的《抗日救国十大纲领》所规定的全面抗战路线，表示深深赞许和拥护。

冯玉祥对八路军的胜利欢欣鼓舞，去电祝贺，并以八路军的胜利为例，来说明抗战的前途是乐观的。

冯玉祥知道在他身边工作的人有的是中共党员，但对他们却一样信任，他对周恩来说："这些青年工作好，人老实，我很放心，信得过。你们的人，我们的人，都一样。"

冯玉祥以他在国民党中的特殊身份和社会影响，掩护了一些中共党员的抗日民主活动，营救过不少受国民党迫害的中共党员和进步人士。越南革命党领导人胡志明被蒋介石的特务逮捕后，冯玉祥受周恩来委托设法营救。冯玉祥同李宗仁一道见蒋，质问道："我们有必要和有权逮捕外国共产党吗？苏联顾问团成员不也是共产党吗？怎么就不逮捕他们呢？越南是支持我们抗战的，胡志明应该是朋友，怎么成了罪人？假使把赞同我们抗战的国外友人称罪人，那么，我们的抗战就是假的了，这会失掉国际一切同情。究竟我们的抗战是真是假？"李宗仁也不客气地问道："道理，冯先生讲完了，我问你，为什么要在广西抓胡志明，这不是嫁祸于广西吗？这是下边的意思还是你的命令？"蒋介石被问得无言以对，只得说："马上叫人调查调查。"不久，胡志明就被释放了。

中共党员廖承志在广东乐昌县被国民党当局逮捕后，廖承志的母亲何香凝致电冯玉祥，请其营救。冯一面复电表示"令郎承志事自当竭力营救"，一面致电蒋介石："仲恺先生襄赞总理尽瘁革命，不惜以身殉国，而香凝女士亦宣传抗战不辞劳苦，其令郎承志事似可准于所请，交李任潮或余幄奇先生就近训导，俾香凝女士便于探视，具慰仲恺先生之英灵于地下也"。

国民党五届五中全会后，加紧了反共摩擦。此时，鹿钟麟在河北担任冀察战区司令长官，他的属下向冯玉祥说，因为八路军占领的县太多，河北省政府只有3县，故不能不发生摩擦。冯听后不以为然，驳斥说："八路军还不是站在共同抗战的立场上吗？应无你我之分。八路军在那里抵抗日本人已一年多，你要想叫人家将地方全给你，当然是不可能的。"1939年2月8日，冯玉祥致电鹿钟麟，指出：不着急，不生气，要平心静气；国民党是大哥党，应容纳一切小兄弟；要真

1939年夏，国民党晋察冀战区总司令鹿钟麟（中）在太行山八路军总部驻地与彭德怀（左）、刘伯承（右）合影

诚拥护中央，和衷共济，把日本鬼子打出中国去，谁都喜欢，万万不可自己拼自己；要振起大无畏精神，以身作则，唤起同胞们注意。冯玉祥还让人转告鹿钟麟，要联合各党派与八路军协商一切，摒除成见，指出："应知现在是何时，精诚团结尚嫌不够，岂可有意气之争……无论怎样，是抗日的就是好朋友，不要管他是何党何派，要虚心下气联络他们。"鹿钟麟的参谋长等又先后向冯报告与八路军摩擦的情况，诬蔑八路军不与日军作战，却以大兵力对付鹿钟麟。冯玉祥规劝他们说："不要将恐日病变成恐共病，汪精卫才是反共倒蒋的，你们不可说汪精卫的话。"又说我们唯一的敌人是日本帝国主义，不应当自己打自己人！"

冯玉祥对国民党的反共摩擦深感不安，为了促进国共合作，维护抗日民族统一战线，1939年3月曾亲自给蒋介石写信，提出有必要三令五申："不以敌共并称。"

皖南事变发生后，1941年2月6日和21日，周恩来两次与冯玉祥见面，

向他谈到时局问题，表示很难过。冯玉祥在日记中写道："我说到为国相忍的大道理。周先生这个人识大体，明大义，同时又很能忍耐。"他还对左右说："新四军抗战有功，妇孺皆知，此次被政府消灭，政府方面实没有方法能挽救人民的反对。"

蒋介石发动的第三次反共高潮被制止后，迫于国内外各方面压力，决定改变对中共的军事进攻策略，表示愿意"政治解决"两党分歧。为了团结抗日，中共决定停止在报刊上揭露国民党，重开两党谈判。于是，从1944年5月起，国共两党代表先后在西安和重庆举行了谈判。但是，国民党对谈判只"注重其宣传性，而不期待成功"，目的是"改取缓和办法，逐步令其交出军权政权"，从而使谈判未获进展。

1944年8月，蒋介石忽然问冯玉祥："共产党的事，你有什么意见？"

冯玉祥想了想说："你这样虚心，我有话就不能不说了，这几年来最重大的一件事也就是关于共产党的事。我听见有人说，共产党要求多编几个师，如何，如何。我认为多编几个师一点关系也没有。共产党如向中央要钱，要官，要饷，要粮，要衣服，都是最好的现象，应该一律都发给他们。至于什么官，什么名义，赶紧都给他们。不要幻想共产党可以压服，如果中央要求他们听命令，也只能要求他们先听三分，再听五分，然后听十分之十的命令。只要中央的命令一发出去，他们就肯就职；国内的报纸一登，世界的报纸又一登载，这就无异告诉我们的盟国和我们的敌人，我们中国已经统一了。这样，国内和国际的观感，马上就不同了，敌人也就马上害怕。不过这件事情非得你自己当家不可，不要同恐共病的人商议，更不要同仇共病的人讨论，自己毅然决然地拿定主张把这件事早日办好。只要这件事办好了，全国的事就算办好了一大半。我们注意'真正爱百姓'五个字，再加上'真正实行'四个字，共产党敬百姓一尺，我们敬百姓一丈，争着替百姓服务；真能这样，处处替老百姓的利益着想做事，一定有一天共产党来跟我们合作。"

蒋介石说："好，好，好！"

冯玉祥从口袋里掏出一张纸条递给蒋介石："这上边，都是写的怎样爱百姓，怎样同共产党合作的事，请你仔细看着！"

蒋介石接过纸条，放在自己的口袋里。

冯玉祥说："你放进去不要紧，千万别忘了看呀！"

蒋介石联共没有诚意，冯玉祥的话对他起不了什么作用，继续以重兵围困和封锁陕甘宁边区。

1938 年，冯玉祥曾对李烈钧说，蒋介石若投降日本，"我自己可以到华北与八路军联合起来抵抗日本帝国主义。"

蒋介石没有投降日本，可是，国民党五届五中全会后，却采取了积极反共、消极抗日的政策。冯玉祥满腔热情，希望蒋介石能与中共真诚合作，共同抗日，然而，他的希望只是幻想，他的抗日主张不得实施。在此情况下，他感到自己的出路只有到陕北与中共合作，发动在华北的旧部起兵抗日，认为，就是死，也要死在抗日的战场上。为此，他积极筹划，叫人去陕西三原准备住房，派人四处探察离重庆去往陕北之路，同时，又请八路军驻重庆办事处的董必武支持他的行动。董必武考虑抗战全局，委婉地向他指出，以他的身份，稍有动作，就会引起特务们注意，甚至会有人身危险；如乘苏联飞机离开，又会牵涉两国间的关系。董必武建议他继续留在重庆，利用他的特殊地位和影响，制止国民党的投降活动，逼蒋坚持抗日，巩固抗日民族统一战线。董必武指出，这种贡献，不亚于上前线杀敌。冯玉祥又和苏联驻华大使潘友新联系，潘的意见与董大体相同。于是，冯玉祥决心留在重庆，坚持抗日救国。

冯玉祥真诚联共，引起蒋介石的不满和不安，一方面利用宣传机器对他进行攻击、中伤，骂他是共产党的外围，是共产党的尾巴；另一方面在他周围安插特务，监视他的言行。

八、建国

抗战胜利了，建国问题又提上了日程。

蒋介石想恢复抗战前的老样子，建立一个大地主、大资产阶级专政的国家。迫于国内外的压力，鉴于内战尚需时间准备，蒋介石摆出和平姿态，企图在谈判中诱迫中共交出军队和民主政权，以继续国民党的独裁统治，不成，便公然发动内战，重温北洋军阀"武力统一"的旧梦，重操他十年军事"剿共"的旧业。

冯玉祥希望中国成为一个民主、富强、现代化的国家，主张国共两党继续合作，和平建国。他为毛泽东亲赴重庆而欣喜、振奋，为蒋介石撕毁政协决议而不满。内战爆发，他的和平建国愿望破灭，但仍幻想蒋介石有所悔悟，赴美之前，给蒋介石留下了一封长信，是一番带有规劝性的临别赠言。

建国问题的分歧，使蒋冯二人各自东西，不过，他们谁也没有想到，这竟是他们最后一别。

只请客，不做菜

1945 年 8 月 14 日、20 日、23 日，蒋介石向延安接连发三封电报，邀请毛泽东去重庆"共同商讨""目前各种重要问题"。

8 月 28 日，毛泽东偕周恩来、王若飞，在国民党政府代表张治中、美国驻华大使赫尔利陪同下，从延安乘专机到达重庆，同国民党当局进行谈判。

毛泽东亲赴重庆，轰动国内外，各界舆论热烈赞扬中共谋求和平的真诚愿望，诗人柳亚子称颂毛泽东的这一行动是"弥天大勇"，张治中也说这是"中国历史上一件大事"。

抗战胜利后，内战危机十分严重，中共没有丧失警惕，没有放松自卫战争的准备工作，同时又真诚地同国民党进行和平谈判。中共中央认为，和平、民主、团结是战后人民的强烈愿望，中共就应该力争以和平途径实现中国的进步与发展；蒋介石的内战部署一时还难以完成，中共和全国人民有可能争

1945 年 8 月 28 日，毛泽东赴重庆谈判前摄于延安机场，
左起：周恩来、赫尔利、毛泽东、张治中、朱德

取实现国内和平，即使是暂时的和平，也应积极争取，这对于需要做应变准备的革命力量来说，也是有利的；通过谈判还可使全国人民看清国民党是真要和平民主，还是坚持内战独裁，这有利于提高人民的革命觉悟。重庆谈判从 8 月 29 日开始，10 月 10 日结束，签署了《政府与中共代表会谈纪要》，即"双十协定"。该《纪要》中，国民党承认了"和平建国的基本方针"，同意"长期合作，坚决避免内战，建设独立、自由和富强的新中国"；同意"结束训政，实行宪政"，先行"召开政治协商会议，邀集各党派代表及社会贤达协商国是，讨论和平建国方案及召开国民大会各项问题"；承认了人民的某些民主权利；同意"积极推行地方自治，实行由下而上的普选"，等等。关于军队和解放区政权问题，中共主动提出让出南方八个地区的根据地，中共领导的部队可以按全国军队总数七分之一的比例整编，但国民党执意要取消人民政权和人民军队，因而未能达成协议，留待继续商谈。

　　"双十协定"的签署，是人民力量的一个胜利。毛泽东说："谈判的结果，国民党承认了和平团结的方针。这样很好。国民党再发动内战，他们就在全国和全世界面前输了理，我们就更有理由采取自卫战争，粉碎他们的进攻。"

　　蒋介石只请客，不做菜。

　　蒋介石邀请毛泽东到重庆谈判，但对谈判却毫无准备，谈判中，一切提案都要由中共提出。蒋介石只是抱定"军令政令之统一"的方针，企图取消解放区和人民军队，但是，拿不出具体的谈判方案。一开始，双方只好一般性地商谈，尚未涉及实质性问题。国民党代表张群尴尬地承认："我方事前党内并未有任何讨论，也未准备任何方案与中共谈判。"

9月3日，中共代表提出了有十一项内容的谈判方案，主要包括：确定和平建国方针，承认各党派的合法平等地位，承认解放区政权及抗日军队，结束国民党的党治，拥护蒋介石的领导地位等。此后，两党的谈判才开始进入实质性阶段。

由于中共作了重大让步和积极斗争，谈判取得了进展，10月2日，周恩来提出：将一个月来的谈话记录整理出来，其中总的方针、军事问题、政治会议问题等，或已双方同意，或彼此意见接近，择其能发表者发表之，以解人民之渴望。国民党代表表示同意这一建议。10月5日，周恩来将他起草的《会谈纪要》提交讨论。双方经过两次讨论并作了修改，便形成了10月10日签署的《政府与中共代表会谈纪要》。

在整个谈判过程中，中共始终积极主动，国民党一直消极被动；一个有诚意，一个没诚意。

蒋介石只请客，不做菜，就是因为他对谈判没有诚意。

抗战胜利后，国民党高级将领（自左至右）王耀武、卢汉、张发奎、何应钦、汤恩伯、杜聿明、萧毅肃、柏德纳（时任中国战区美军司令部参谋长）在一起

蒋介石既然没有诚意，为什么还要邀请毛泽东谈判呢？

蒋介石消灭中共的方针是早已定了的，因为中共及其领导的人民革命力量，是他维持独裁统治的最大障碍。1945 年 5 月，蒋介石在国民党六大上就直言不讳地说："今天的中心工作，在于消灭共产党！日本是我们国外的敌人，中共是我们国内的敌人！只有消灭中共，才能完成我们的任务。"用什么办法消灭中共呢？蒋介石后来曾说过，战后他的方针是，或者以和平谈判方式迫使中共"放弃武力，改走合法的道路"，或者通过"放手动员作战"的办法来消灭中共武装，"这两条道路，任取其一，都足以解决中共问题"。

抗战胜利后，蒋介石不仅有一个在形式上合法的全国性政府，控制着全国大部分地区，而且有一支在抗日战争中保存下来的 400 多万人的庞大军队，并得到美国的援助和收缴了 100 多万日军的武装，在武器、装备方面得到很大加强；通过对沦陷区的接收和掠夺，四大家族的财富急剧膨胀，国民党统治者掌握的物资和外汇储备超过以往任何时期；抗战胜利后，国内外又出现了一种蒋介石是"抗战建国领袖"的舆论，使国民党统治区和沦陷区许多处于中间和落后状态的人们，对蒋还抱有很大的幻想。这一切，使蒋介石认为，他有力量、有可能以战争的手段消灭中共及其领导的人民革命力量。于是，日本刚一表示投降，他就把手伸得老长老长地抢夺胜利果实，并蓄意挑动内战。

但是，蒋介石对立刻发动全面内战还有顾忌：8 年艰苦抗战，中国人民付出了巨大代价才取得了胜利，因而强烈要求和平建设自己的国家，发动内战不得人心；中共及其领导的人民革命力量空前壮大，不可小视；英、美、苏三国当时都表示不赞成中国发生内战，发动内战与国际舆论相悖；抗战期间，国民党的精锐部队大多退

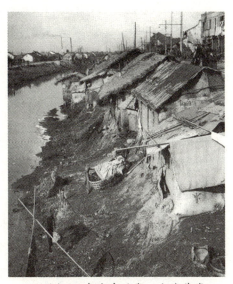

20 世纪 40 年代中后期，上海黄浦江边的棚户区

到西南和西北地区，迅速开往华北、华东和东北一时还有不少困难，发动内战尚需一段准备的时间。

正是在这种情况下，蒋介石在积极准备内战的同时，又摆出和平姿态，邀请毛泽东赴重庆谈判。对于电邀毛泽东一事，蒋介石作了如下打算：如果毛泽东不来，他就可以说共产党拒绝和平谈判，把内战责任推到共产党身上；如果来了，则可以在谈判桌上诱迫中共交出人民军队和解放区政权，并可争取时间，调动军队，部署内战。

国民党曾错误地估计毛泽东不会去重庆，《中央日报》主编陶希圣说："我们明知共产党不会来渝谈判，我们要假戏真做，制造空气""共产党拒绝谈判，我们更有文章好做。"

蒋介石邀请毛泽东谈判，原来是一场假戏。

毛泽东来到了重庆，有些出乎蒋介石意料。蒋介石对会谈毫无准备，开始就陷入被动境地。中共代表以真诚的态度，认真地进行和谈，迫使蒋介石也只好假戏真做。然而，蒋介石一心想取消人民军队和解放区政权，在谈判中设置种种障碍，即使中共作了重大让步，也未能在这两个问题上取得一致意见。同时，蒋介石还在军事上向中共施加压力，迫使中共就范，以期得到政治诱骗未能得到的东西。

蒋介石1933年"围剿"红军时编纂了一个反共文件——《"剿匪"手本》。重庆谈判一开始和谈判中间，即8月29日和9月17日，国民党政府陆军总司令何应钦和蒋介石本人，先后密令备战区印发《"剿匪"手本》。9月20日，蒋介石又给各战区司令长官发出密电："目前与'奸党'谈判，乃系窥测其要求与目的，以拖延时间，缓和国际视线，俾国军抓紧时机，迅速收复沦陷区中心城市。待国军控制所有战略据点、交通线，将寇军完全受降后，再以有利之优越军事形势与'奸党'作具体谈判。彼如不能在军令政令统一原则下屈服，即以土匪清剿之。"

1945年8月底9月初，国民党第十二战区司令长官傅作义所部，在平绥线上接连侵占已被八路军解放的集宁、丰镇等城，并大举进攻张家口。从9月中旬起，八路军晋绥、晋察冀部队开始自卫反击，击退了傅部对张家口地区的进犯，歼灭其1.2万余人，取得了平绥战役的胜利。9月上旬，国民

上党战役后，刘伯承（后排左四）、邓小平
（后排左三）等人合影留念

党第二战区司令长官阎锡山集中傅作义 13 个师的兵力，向晋冀鲁豫解放区的上党地区进攻。刘伯承、邓小平指挥八路军自卫反击，歼灭进犯阎军 3.5 万人，生俘其军长、师长等高级将领多人，加强了中共在重庆谈判中的地位，对"双十协定"的达成起了重要作用。上党战役，10 月 12 日以八路军全胜而结束。

蒋介石的军事进攻未能达到预期目的，在谈判桌上得不到的东西，在战场上同样也没有得到。

蒋介石为了消灭中共及其领导的人民革命力量，维护国民党一党专政的独裁统治，玩了一个诱迫中共上钩的和谈把戏，结果，在战后国共交锋的第一个回合中，便输了一招。

好酒，一百度

蒋介石邀请毛泽东谈判，毫无准备，人来了，什么提案也拿不出，犹如只请客，不做菜，没有诚意。

冯玉祥宴请毛泽东，打破了宴席从不备酒，本人从不饮酒的戒规，以上等好酒待客，自己也喝了"一百度"的特制酒，其内心的真诚，尽在这畅饮之中。

1945 年 9 月 7 日，毛泽东来到重庆第十一天，冯玉祥在自己的寓所宴请毛泽东、周恩来、王若飞等，由张治中等人作陪。

冯玉祥一生从不喝酒，也从不为请来的宾客备酒，这已成了一条规矩，在重庆军政各界，几乎人人皆知。然而，此次宴请的并非一般客人，而是为了和平、民主、团结，不顾个人安危，前来参加谈判的中共高级领导人。在冯玉祥的心目中，他们是大德大智之士，是最尊贵的客人，当然要破格招待；何况，毛泽东初次光临，不知道自己有不备酒的习惯，而周恩来又是以豪饮而闻名山城。如果宴席上没酒，岂不是有些失礼和不恭吗？于是，他决定破例，派人买了几瓶上等的茅台酒。

毛泽东等准时赴宴，冯玉祥满脸喜悦，在寓所门外迎接客人。

"啊，酒！有酒呀！这可是一大新闻。"张治中一跨进房门，就发现有酒，惊喜地说道，接着便对毛泽东等人说：

"我跟焕公是同乡，又在一起相处多年，他家里摆酒，这可是头一次看见。"

毛泽东听了，赶忙重新和冯玉祥见礼，连声称谢谢。

"不成敬意！不成敬意！毛先生、周先生诸位屈尊到寒舍来，玉祥深感荣幸。这酒，是我的一点心意。不过，我还要声明一下。"冯玉祥说到这里笑着眨了眨眼，"喝酒嘛，还是各尽所能，能者多劳，不能喝的，也不要勉强。"

"这，当然要客随主便喽！"周恩来一句风趣的话，引起一片笑声。

宾主就座，冯玉祥命人打开瓶塞，一股浓郁的酒香扑鼻而来，他亲执酒壶，给客人们斟满酒杯。

"毛先生亲身飞来重庆，为国为民，不顾个人安危，玉祥万分钦佩。这第一杯酒，先要敬毛先生……"

"不，不"，毛泽东笑着阻止说，"这第一杯酒，让我们一起庆祝抗战胜利吧！"大家举起酒杯，互相点头致意，正要开饮，张治中却把酒杯放了下来：

"焕公，怎么你的杯没倒酒？是不是我们也敬你一杯？"

"我当然也要喝！"冯玉祥说着吩咐勤务兵，"把我的酒拿来！"

冯玉祥从勤务兵手中接过酒杯，和众人酒杯一一碰过，便一饮而尽。

"好，好，难得！难得！"张治中带头鼓起掌来。

"第二杯，欢迎毛先生、周先生诸位光临！"冯玉祥举杯提议。

"第三杯，预祝国共两党谈判成功！"众人纷纷举杯。

频频举杯，热情交谈，宴会的热烈气氛很快达到高潮，大家从中国的过去谈到现在，又从现在谈到将来，欢快中洋溢着希冀与憧憬。

"文白"，冯玉祥举杯走到张治中面前，"从前，我没请你喝过酒，今天请你开怀畅饮，也算是补上过去欠你的情。"

"喝，我一定喝！焕公赐酒，治中焉敢不喝！只是，焕公你……"

"我奉陪！"冯玉祥爽快地端起酒杯，与张治中对饮三杯。

"焕公总说不会喝酒，我看你比，比，比谁都能喝！"张治中三杯酒下肚，脸颈全红，话也说得不太利索了。

冯玉祥总说闻不得酒味，这次宴席上却有如此海量，不仅张治中迷惑不解，就是他身边的随从们也纷纷犯疑，在私下里议论此事。

"哈哈，你们不用犯疑惑，我都告诉你们吧。"冯玉祥拿过自己的酒瓶，边摇晃边笑，"我这酒比他们喝的高级，一百度！"

原来，他喝的是特制"酒"——白开水！

冯玉祥以优质茅台酒待客，自己不能饮酒而以水代酒，即破例对贵宾表示敬重，又使宴会气氛融和、亲切。冯玉祥如此安排，蕴含着他对毛泽东等中共人士的敬佩，对国共和谈的欣喜，对国家和平、民主、富强的热望。

抗日战争的胜利，给冯玉祥带来了前所未有的喜悦。"九一八"以来的奔走呼号，当年察哈尔的高举义旗，淞沪会战中的前线督师，大后方时期的抗日动员和屡屡进言……他为打败日本所做的种种努力，总算没有完全付诸东流，如今胜利了，了却了他多年以来的一桩心愿。毛泽东来了，两党继续合作有望，国内和平有望，中华民族复兴有望，冯玉祥对中共的真诚无限钦佩，对国共和谈寄予殷切期待。

毛泽东、周恩来、王若飞抵达重庆后，就去看望了冯玉祥。第二天，冯玉祥便亲自回访，毛泽东等有事外出，特在寓所给他留下了名片。冯玉祥将名片带回，珍藏在日记本中，留作纪念。

蒋
介
石
与
冯
玉
祥

重庆谈判期间毛泽东与蒋介石合影

9月1日，爱国民主人士和各界代表在中苏文化协会集会，庆祝《中苏互不侵犯条约》签订八周年，宋庆龄、邵力子、孙科、冯玉祥、郭沫若等人参加，苏联大使和毛泽东、周恩来、王若飞等出席。宋庆龄致辞。冯玉祥应大家欢迎也讲了话，其中说道："今天可是总理的三大政策实现了，我们高兴的时候，喜欢的时候，千万不要忘了还会有人来破坏呢！"说到这里，苏联大使、毛泽东、周恩来等都鼓起掌来。会议气氛友好、融洽、热烈。

当晚，张群、王世杰、吴铁城三人做东，宴请毛泽东、周恩来、王若飞以及邵力子，冯玉祥和甘乃光作陪。在座的人大多是老相识，面对国共和谈继续合作，大家很自然地联想到以前的国共关系，谈起了1924年国民党改组、第一次国共合作的一些情形，均有亲切、兴奋之感。进餐时，周恩来提到汉奸问题，大家又你一言我一语地谈论起那些应该审判的大汉奸。审判汉奸，冯玉祥一百个赞成，他十分舒畅地说："若真能这样办，也是一件痛快事。"

饭后送客，毛泽东的汽车出了故障，冯玉祥用车先把毛泽东送回寓所，然后才回自己的住所，到家已是晚上11点了。

9月1日这一天，冯玉祥格外高兴，以《庆祝中苏订约大会》为题赋诗一首，最后两句写道："愿中苏永远友好，愿人类永不要再有战争。"

可是，蒋介石并不高兴，特别是对冯玉祥说了"三大政策实现了"这句话更为不满。他让蒋经国将冯玉祥接到他的家里，问冯："听说中苏文化协会开会开得很热闹？"

"不错，当我提到中山先生的三大政策时，大家都不知不觉地鼓起掌来了，这应当说是孙总理的成功，也应当说是你的努力。"冯玉祥滔滔不绝地说道。

"恐怕还有问题吧！"蒋介石眉头一皱，显得很不高兴。

　　"还有什么问题？"冯玉祥对蒋介石的不高兴满不在乎，"日本人都无条件投降了，你还要做什么？罗斯福大总统，在百忙中常去钓鱼，我希望你找个地方钓几个月的鱼去，我也去画我的丘八画和作我的丘八诗，你千万别听坏小子的话，什么这有问题，那有问题。"

　　"是，是，是。"蒋介石点了点头。

　　蒋介石点头称"是"，那是为了应付冯玉祥，内心里盘算的是怎样对付共产党，如何在谈判中诱迫中共交出军队和政权，如何在军事上积极筹划向中共进攻……

　　9月7日冯玉祥宴请毛泽东等人时，重庆谈判已进入实质性阶段。经过中共的一再努力，到10月上旬，《会谈纪要》已获得双方通过，签字后，毛泽东就要返回延安了。

　　10月8日晚，张治中为欢送毛泽东在军事委员会礼堂举行鸡尾酒会，张治中和毛泽东都讲了话，冯玉祥也发表致辞，他在当天的日记里记述道："右边站了先生毛泽东，左边站了部长张治中。二位都说要统一，并且都说要和平。……中华民族要复兴，……欢欢喜喜喝几盅。"

　　冯玉祥和蒋介石交往多年，对蒋介石的言行不一颇有了解，国共和谈达成协议给他带来欣喜，但蒋介石能否真正履行，他还心中没底，他在日记中写道："从此可以希望能真得到和平了，是不是这样呢？谁也不敢说。"

重庆谈判期间，毛泽东与蒋介石举杯庆祝抗战胜利

冯玉祥的担心不是多余的，事实上，蒋介石在重庆谈判前后从未放弃对解放区的进攻，自日本投降至 10 月 17 日两个月内，就侵占了解放区 30 座城市。在此情况下，解放区军民在从日伪军手中收复失地的同时，不得不对国民党进犯军进行必要的自卫作战，挫败其进攻。

协议，只写在纸上

国民党军事进攻受挫，国民党统治区人民反内战运动掀起，国际进步舆论呼吁中国和平民主，苏美英三国外长会议要求中国停止内争，所有这些，使蒋介石感到发动全面内战的时机还不成熟。于是，他不得不同意按照"双十协定"规定，召开政治协商会议。

1946 年 1 月 10 日，政治协商会议在重庆开幕，国民党、共产党、民主同盟、青年党和无党派人士的代表共 38 人出席会议，历时 22 天，在通过政府组织案、国民大会案、和平建国纲领、军事问题案、宪法草案五项协议之后，于 1 月 31 日闭幕。

在政治协商会议期间，蒋介石力图继续以政治手段维护国民党的一党专政和个人独裁，取消人民军队和解放区政权。他在开幕词中强调要"清除足以妨碍意志统一、影响安宁秩序和延迟复兴建设的因素"，在闭幕词中又说"此后不会再有私有的武装军队，分立的地方政权，来妨碍政令与军令的统一"。但是，蒋介石的企图未能如愿，经过中共、民主同盟和其他民主人士共同努力通过的政协协议，有利于人民有利于民主，而不利于国民党的独裁统治：确认了避免内战、和平建国的方针，以政治民主化、军队国家化和党派平等合法为和平建国的途径，否定了国民党的内战独裁方针；确认了国民政府必须改组为联合政府，否定了国民党只请几个人到政府做官并须国民党中央认可的主张；确定了国家实行议会制、内阁制、省自治制的政治方案，否定了大地主大资产阶级专政的制度。政协协议的种种规定，尽管还不是中共主张的人民民主，基本上是资产阶级民主，但它对国民党的独裁统治却是一种否定，因而，受到人民群众的欢迎，也遭到蒋介石集团的破坏。

国民党政权代表大地主、大资产阶级利益，它不能容忍任何民主改革，也经受不住任何民主改革。蒋介石集团认为，在中国，不仅人民民主主义，就是西方式的资产阶级民主主义，也是不能实行的，正如一位美国官员在其回忆录中所说，国民党认为，"追求统一和民主的中国，他们将丧失一切"。因此，蒋介石集团不履行以致破坏政协协议，是不足为怪的。

政协会议还在进行时，陪都各界协会在沧白堂连续举办讲演会，国民党特务就在会场起哄，甚至动手打人，制造了"沧白堂事件"；国民党当局非法搜查了政协代表黄炎培的住宅。

政协协议签订之后，国民党的破坏活动便接踵而来——政协会议刚一闭幕，在国民党中央常务委员会会议上，不少顽固分子就大哭大闹，说政协决定不利于国民党，是国民党的失败，甚至认为国民党几十年的奋斗，现在已经完结；有人提议，要监察院弹劾国民党出席政协会议的代表，认为他们"卖党求荣"；顽固分子们特别集中攻击宪法草案案，说宪法草案"背叛"了孙中山遗教。蒋介石也跟着说："我对宪法草案也不满意，但事已至此，无法推翻原案，只有姑且通过，将来再说。"

2月10日，重庆各界人士在校场口举行庆祝政协成功大会，国民党当局指使特务分子捣乱会场，打伤民主人士郭沫若、李公朴、施复亮、章乃器等多人，制造了"校场口事件"。

2月20日，国民党北平当局策动所谓还乡请愿团游行示威，闯入军调部捣乱，侮辱军调部中共办事人员。

2月22日，国民党煽动重庆万余名学生进行反苏反共游行，指使暴徒捣毁《新华日报》营业部和民主同盟机关报《民主报》营业部。

3月1日至17日，国民党召开了六届二中全会，一些反动分子叫嚣通过政协协议"等于党国自杀""绝不能把统治权交给多党政府"。蒋介石也表示对政协协议"就其荦荦大端，妥筹补救"。这次会议再一次集中地攻击了宪法草案案，蒋介石宣称政协关于宪法草案的协议"有若干点实在与五权宪法的精神相违背""要把握住重要之点多方设法来补救，务使宪法草案内容能够不违背五权宪法和建国大纲的要旨"。在蒋介石的带动下，会议通过了《对政协报告之决议案》，提出了五条宪法草案修改原则：（一）制定宪法应以建国大纲为最基本之依据；

（二）国民大会应为有形之组织，用集中开会之方法行使建国大纲所规定之职权；

（三）立法院对行政院不应有同意权及不信任权，行政院亦不应有提请解散立法院之权；

（四）监察院不应有同意权；

（五）省无须制定省宪。这就完全推翻了政协协议中国会制、责任内阁制和地方自治制的修改宪法草案原则。会议还决定恢复国民党中央政治委员会，其权力在国府委员会之上，规定国民政府委员要由国民党中常会选任。这又推翻了政协关于改组政府问题的协议。

4月1日，在国民党包办、中共代表拒绝出席的国民参政会上，蒋介石又会公然说："政治协商会议在本质上不是制宪会议"，如果它"果真成了这样一个会议""是决不能承认的"。全面撕毁政协协议的决心已经暴露无遗。

重庆谈判和政治协商会议，是蒋介石两手政策中的一手。他在进行和平谈判和政治协商的同时，并没有放松另一手——通过战争来削弱直至消灭人民革命力量。既然政协协议于己不利，以政治手段未能解决中共及其领导的人民革命力量，那么，部署全面内战就更加刻不容缓了。

杜聿明

早在1945年10月18日，蒋介石就任命杜聿明为东北保安司令长官。11月上旬，杜聿明率领两个军的兵力在秦皇岛登陆，随即向人民军队发动进攻，11月中旬至12月下旬，先后攻占山海关和锦州等地，向辽西和热河各地进攻。政治协商会议闭幕后，蒋介石进一步扩大东北内战，1946年2月，在美国帮助下，又将五个军运进东北，在东北的兵力猛增至28.5万人。3月，苏军撤退回国，国民党军立刻进驻沈阳，向解放区分路进攻，5 月间，先后占领了四平、长春和吉林，控制了松花江以南的大部分地区。

蒋介石在关外大打，在关内，对解放区的进攻也日渐升级。1946 年 1 月至 5 月，蒋介石调动了 40 多个军 130 多万人，向解放区发动大小进攻 3675 次，强占解放区村镇 2077 个、县城 26 座。其中，对处于鄂豫边界的中原解放区，以 30 万重兵进行重重围困，至 6 月下旬，将中原军区 6 万多指战员压缩在军区司令部所在地宣化店附近地区，东西不过 100 公里，南北只有 20 多公里，做好了最后"围歼"的一切准备。

蒋介石为了适应全面内战的需要，又进行了军队整编和军事机构的改组。5 月 15 日，决定任命白崇禧为国防部部长，陈诚为参谋总长。6 月 1 日，国防部正式成立，顾祝同为陆军总司令，陈诚兼海军总司令，周至柔为空军司令。蒋介石、白崇禧、陈诚等不断飞往各地，进行战争部署。

蒋介石扩大内战的行动，使政协协议成为一纸墨写的空文。

政协会议闭幕后，国共两党就有关问题继续进行谈判。1946 年 5 月初，国民党政府宣布还都南京，国共谈判的中心也由重庆移到南京。周恩来率领中共代表团到南京、上海，继续进行艰苦的谈判活动，力争在最后时刻避免全面内战的发生。但是，由于蒋介石内战的决心已经下定，谈判无法取得有效的成果。

蒋介石加紧部署全面内战，再加上美国加紧了对国民党政府的援助，引起广大民众的严重不安。6 月 23 日，上海人民团体联合会派出请愿代表团，去南京向国民党当局呼吁和平，上海 10 万群众集会送行，并举行反对内战、反对美国干涉中国内政的示威游行。当晚，当代表团抵达南京下关车站时，却遭到国民党特务的围攻和殴打，团长马叙伦和代表阎宝航、雷洁琼等多人受伤。周恩来赶到医院去慰问，身负重伤的马叙伦握着他的手说：中国的希望只能寄托在你们身上了。

蒋介石坚持国民党一党专政和个人独裁，全面内战已经不可避免了。

呼喊，从内心发出

当抗日战争胜利结束，关于建国问题提到日程上来的时候，冯玉祥从内心里发出呼喊：中国需要民主，中国需要和平！

1945年12月，冯玉祥发表了《建国问答二〇四问》一书，他在序言中写道：

> 我为什么写这本建国问答呢？因为抗战胜利以后，剩下唯一的一件大事就是建国。如果真能照此办法，那就一定可以把我们国家建设成一个现代化的国家，民主的国家，富强的国家，我们老百姓人人可以过着真正的人的生活，真正的快乐幸福的生活，和平自由的生活。

冯玉祥在书中以问答的形式，绘制了他的建国蓝图。

关于民主政治，他提出要有由人民自由选举产生的专为人民服务的政府，老百姓是主人，官吏是仆人，仆人要对主人尽忠；人民有言论、信仰、免予匮乏、免予恐惧的自由，获得了这四大自由，才是真正人的生活。

关于发展科学，他提出只有在民主政治之下，有充分的学术自由，科学才能得到发展；只有发展科学才能成为现代国家，才能避免继续沦为次殖民地。

国民党陆军总司令部门前搭建的"和平永奠"牌楼

中国科学落后于西方和日本，但可以迎头赶上，苏联科学水平在革命初期落后于欧美、现有许多方面已超过欧美，就是很好的例子。

关于经济建设，他提出应该实行计划经济，对于全国资源之开发、轻重工业之建设、交通运输之兴建、银行货币之资转以及其他一切有关经济之事项，都要切实订立计划，逐步施行，国家才能强盛。他还以苏联三个五年计划和罗斯福新政的好处为例，说明计划经济是绝对为人民大众谋利益的。

关于国防军事，他主张军事设施要完全以国防为目的；军队不属于任何党派，只属于国家。

关于对外关系，他提出要扶助弱小，坚持正义立场。

关于发展工农业，他提出重工业以国营为原则，轻工业以民营为原则，农业要取消苛捐杂税，实行二五减租减息和耕者有其田。

关于扶助商业，他主张要严厉禁止官吏经商，操纵市场，要保护小商人，管制大商人，鼓励商业发展。

关于发展交通，他认为应该按照孙中山遗教，建筑铁路、公路网，发展航空和水运，并强调以自己设厂制造为原则。

关于普及教育，他认为，只有人民有足够的知识水平，才能实现国家现代化。

提出要保证教育经费，保障教师生活，各级学校一律公费。

关于改造社会，他主张改变社会上不道德的观念、行为和不良的风俗习惯。

关于解放妇女，他主张妇女在经济、政治和文化教育等方面，要与男子获得同等地位。

关于改良人种和注意卫生，他主张优生优育，限制早婚，认为只有注意卫生，才能提高人民健康水平。

这是一个包罗万象的建国纲要，在国民党上层人物当中，除了蒋介石集团提出了建立大地主、大资产阶级专政的建国主张之外，这是唯一一个做了较为详细说明的建国主张。它的政治倾向与蒋介石集团有着明显的区别，就其政治、经济等主要内容来说，基本上属于资产阶级民主主义范畴，在客观上具有反对蒋介石独裁统治的进步作用，在主观上也是冯玉祥力图改变国民党统治现状的一种愿望和要求。

冯玉祥的这个建国纲领，与后来的政协协议有关内容的基本精神，是相吻合的。因此，冯玉祥对政协协议是欢迎的，拥护的，对蒋介石破坏政协，撕毁协议，是不满的，反对的。

沧白堂事件发生后，冯玉祥曾亲自到现场察看，只见被特务们毁坏的桌凳堆在那里，并有几个外国记者在那里拍照。他将所见到情形面告蒋介石，并说："这种野蛮现象被外国朋友照了相去，外国报纸一骂，重庆政府不好。是的，人家骂我们，我们可以说，那是共产党报纸，或是共产党造谣言。实在说起来，这样的做法太不对了。"针对特务们打人的问题，冯玉祥又对蒋说："若是这样下去，社会永远不会安定，将来不晓得要出多少条人命。常说的话：'星星之火，可以燎原。'就是起头很小，若不赶紧禁止，将来一定出大事。"

特务们在沧白堂闹事，就是国民党当局指使的，冯玉祥对蒋介石说的这些话，等于白费唇舌。

国民党特务们在下关殴打上海请愿代表，冯玉祥认为："这真是翻天覆地的事情。民国的公务员都是公仆，人民都是主人，仆人打主人，这不是造反是什么？"他给白崇禧打电话说："抗战以前大学生们到南京来，因为那些大学生们说话激烈，就有人主张叫张治中开枪去打。张说，若开枪打学生，你们去，我不去。结果张治中见了学生痛哭了一回，学生也都哭了，那件事情才过去了。今天把人民的代表都打了，这不是掩耳盗铃，自欺欺人，不是蒋介石打的是谁打的？赶快去认错，赶快去赔礼才对啦。"

蒋介石是不会认错赔礼的，他的手下人指使暴徒打了呼吁和平的民众代表，他却装出和平的姿态蒙骗民众，6 月 29 日在接见和平请愿代表团时说："和平很有希望的，就是共产党打过来，我也不打过去。"冯玉祥的要求和呼喊，在口是心非的蒋介石那里，不起任何作用。

冯玉祥呼喊和平、民主，精心编织建国图案，但他不能也无力阻止蒋介石的内战和独裁。蒋介石毫不犹豫地舍弃了"和平建国"，决心以武力消灭人民革命力量，而实行"战争建国"了。

战火又起

1946年6月26日，蒋介石以20多万人的兵力发动了对中原解放区的进攻，妄图在48小时之内将人民军队一举歼灭，造成"惊人的胜利与奇迹"。接着，从7月开始，国民党军队又大举进攻华东、晋冀鲁豫、晋绥、东北以及海南岛等解放区。全面内战由此爆发。

蒋介石点燃了全面内战的战火，凭借着优势的兵力和美国的援助，企图沿主要铁路干线，由南向北进攻，夺取和控制解放区城市和交通线，消灭人民军队主力，或者将人民军队压迫到黄河以北，在华北地区歼灭。战争伊始，蒋介石集团十分乐观，颇有信心，认为国民党军的面包加大炮对付人民军队的小米加步枪，可以速战速决。蒋介石说："如果配合得法，运用

青岛街头的"美军登车站"

灵活……就一定能速战速决。"陈诚也扬言："也许3个月，至多5个月，即能整个解决。"但是，战争的进程表明，问题并非像他们所想象得那样轻松、顺利，而是越来越麻烦、棘手。

原想48小时即可将中原解放区的人民军队围歼，不料李先念、郑位三等率部分路突围，蒋介石的计划一开始就落了空。

进攻华东解放区的国民党军，企图先侵占苏皖解放区，再占领整个山东，可是，从7月中旬至8月下旬，在苏中地区，以12万大军对粟裕、谭震林率领的3万人民军队，却打个七战七败，损失了5.3万人。接着，12月中旬，在苏北宿迁以北的沭阳战役中，又有2万余人被歼，中将师长戴久奇被击毙；1947年1月，在山东峄县、枣庄地区进行的鲁南战役中，又丢掉了5.3万人，其中包括全副美械装备的整编第二十六师和"国军精华"第一快速纵队，并开创了两个整编师一块被歼的纪录；2月下旬，在山东的莱芜战役中，只短

短的 3 天时间，就损失了 5.6 万余人，第二"绥靖"区副司令长官李仙洲等高级将领成了共军俘虏，此役又创造了七个师一次性被歼的新纪录。蒋介石对莱芜惨败十分恼火，盛怒之下撤免了薛岳和吴奇伟的徐州"绥靖"公署正副主任职务。

向晋冀鲁豫解放区进攻的国民党军，1946 年 8 月在其所控制的陇海路开封至徐州段，被刘伯承、邓小平领导的人民军队截断，国民党军 1.6 万多人被歼。9 月，在鲁西南的定陶战役中，被歼灭 1.7 万多人，1947 年 1 月，在鲁西南的巨野一带又有 1.6 万多人被歼。同时，在晋南作战中也损失了五个旅的兵力。

向晋绥解放区和晋察冀解放区进攻的国民党军，1946 年 7 月至 9 月，在晋北、大同、集宁等战役中，有 2 万人被歼。9 月下旬至 10 月上旬，在进攻张家口作战中，又有 1.8 万多人被歼。

向东北解放区进攻的国民党军，1946 年 11 月底 12 月初，在辽宁宽甸西南的新开岭地区，被东北民主联军消灭了 8000 多人。1947 年 1 月至 4 月，在东北民主联军三下江南四保临江的作战中，又有 3.5 万多人的国民党军被歼。

1946 年 7 月至 1947 年 2 月，蒋介石向各个解放区发动进攻，即所谓全面进攻。蒋介石打了 8 个月的仗，占领了解放区的 105 座城市，但却损失了71 万多人，平均以 7000 人的代价换得一座城市。国民党军有生力量的大量被歼，每侵占一个地方又需留下一部分兵力守备，使得第一线攻击的兵力一天天减少，战线延长与兵力不足的矛盾日益尖锐。国民党军终于丧失了全面进攻的能力，从 1947 年 3 月起，不得不改为对陕北和山东的重点进攻。

蒋介石挑起了全面内战之火，结果是引火烧身。

蒋介石企图速战速决消灭人民革命力量，结果是久战不决，人民军队越战越多，自己的部队越战越少。

看来，"战争建国"也不是轻而易举的。

蒋介石既然已经大打，也就没有必要再和中共搞什么和谈了。不过，他在发动全面内战后，并没有立即宣布停止与中共谈判，还想利用谈判掩护军事进攻，还想在谈判中提出种种无理条件，迫使中共终止谈判，以便把分裂和内战的责任推到中共身上。中共代表为了维护政协协议，制止内战，争取和平，继续留在南京、上海同国民党谈判，并以事实揭露国民党的阴谋，使广大人民了解内战发生的真相。

随着战争初期国民党军攻占地盘有所进展和美国宣布"调处"国共关系失败，放手让国民党大打，蒋介石很快就关闭了和谈的大门，使国共关系彻底破裂。

1946年10月11日，国民党军占领了张家口。蒋介石被"胜利"冲昏了头脑，不顾中共方面的再三警告，不顾各界人士的强烈反对，当天就下令于11月12日召开"国民大会"。蒋介石的这一决定，公然违反政协关于国民大会应由改组后的各党派联合政府召集、不能由国民党一党政府召集的协议，理所当然地遭到中共和民主同盟的坚决反对，其他一些民主党派和民主人士也奔走呼号，希望说服蒋介石改弦更张。蒋介石一意孤行，1946年11月15日至12月25日，国民党一手包办的"国民大会"，终于在南京召开，会议通过的《中华民国宪法》，也违背了政协协议《宪法草案》所确定的民主原则，而确认了"总统"个人独裁的国家制度。

11月16日，周恩来在记者招待会上宣布："由于国民党当局单方面召开'国大'，关闭谈判的大门，我和一部分中共代表团人员即将撤回延安。南京我们总是要回来的，无非是两种可能：一种是国民党打不下去了，再回到政协协议上来，请我们回来！另一种是国民党越打越垮，人民打回南京来。我看这后一种可能性很大也很快。"19日，周恩来等15人离开南京返回延安。董必武、吴玉章等继续留在南京、

蒋介石在制宪国大会议报到处签字

上海和重庆。

1947年1月29日，美国宣布退出一年前根据停战协定所成立的军事三人小组和军事调处执行部。第二天，国民党政府即宣布解散这两个机构。2月3日，美国驻延安联络团人员撤离延安。21日，国民党政府逼迫军事调处执行部中共代表叶剑英及工作人员全部撤离北平，随后，又限令中共在南京、上海、重庆人员于3月5日前全部撤离。同时，还查封了重庆的《新华日报》。

3月3日，中共负责人就国民党当局强迫中共代表撤退一事发表声明，揭露蒋介石集团破裂国共关系，以便放手大打内战。3月5日左右，中共驻南京、上海、重庆的全部人员撤回延安。至此，蒋介石关死了和谈之门，国共关系彻底破裂。

蒋介石放手大打，继续做他的"战争建国"的美梦。不过，后来事态的发展表明，蒋介石的好梦难成，正如周恩来所说"人民打回南京来"和董必武撤离南京时所说"再见之期，当在不远"，仅仅两年多一点，建立大地主、大资产阶级专政国家的美梦成为泡影，蒋家王朝覆灭，一个人民民主主义的新中国即将诞生。

临别赠言

1946年9月2日下午，"美琪将军号"客轮，随着汽笛长鸣，缓缓离开上海公和祥码头，向大洋彼岸驶去。冯玉祥伫立在甲板上，怀着依依惜别之情，向祖国的蓝天大地告别，向祖国的父老乡亲告别……

冯玉祥夫妇偕一女儿及五名随行人员，出国赴美去了。

8月20日下午，南京中央饭店，冯玉祥旧部百余人举行欢送茶会。冯玉祥在临别赠词中说道：

> 自辛亥以来，我们国民军一贯的立场，是救国救民。我们为这个立
> 场而出生入死。民国二十五年10月1日，我由泰山到南京，主要为了

抗日。为了这个目的，我和各党各派都做好朋友，拉着他们团结一致，共同抗日救国。因为这个，也就引起了人家的误会，给我扣上一顶帽子，而且还是红帽子；要不然就说是外围，再不然就说是民主同盟，或者说是尾巴。这些，我向来都不理会。我还记得：当我们北伐时，那个时候，北洋军阀就把我和蒋先生说成北赤南赤，等等。到我和蒋先生在徐州会师时，我对他说：人家说我是北赤，你是南赤，其实，我你都应该是以赤心抱赤子，我们的共同立场是三民主义的立场。

现在，抗日的目的已经达到了，今后国家需要和平建国，我仍然是和各党各派做朋友，拉着他们共同走上和平建国的道路。不管人家误会也好，骂我也好，反正我不会再吃骂人饭的。

我从当兵到上将，现在是退役了，我也很高兴。今后，我将全力从事水利建设工作，还希望你们大家仍像过去一样的帮助我。

冯玉祥是以水利考察专使的身份出国的。1946年初，冯玉祥就提出出国考察，4月7日，获国民政府文官处正式批准，蒋介石在批文中同意"由国府明令发表特派冯委员玉祥赴美考察水利事宜"。

冯玉祥深知水旱灾害给民众带来的损害与痛苦，十分关注国家的水利事业，出国考察，有利于将来国家的水利建设。但是，冯玉祥出国的主要原因并不是为了考察水利，而是由于政治上与蒋介石的严重分歧。

蒋介石撕毁"双十协定"，破坏"和平建国"方针，指望蒋介石与各党派合作建立民主、富强、现代化的国家，已十分渺茫。冯玉祥继续留在国内，对改变蒋介石的内战独裁政策，已没有什么作用和影响了。同时，冯玉祥的政见和主张，也遭到蒋介石的忌恨，如同冯玉祥在8月20日欢送他的茶会上所说，"共产党外围""共产党尾巴"等一顶顶红帽子扣在他的头上，而在他寓所的周围又对他进行严密的监视，他的人身安全也受到威胁。这些情况，促使冯玉祥决定出国，以沟通国内民主力量与海外人士的联系，为建立民主、富强、现代化的国家而继续努力。

冯玉祥后来回忆说："因为规劝蒋介石不要拿着自己的同胞当仇敌，我曾同他讲过无数次的话，我看他是下了决心，非杀尽自己的同胞，他不快活。

我就决心赶快出国去。虽然是这样，我还是希望他自己责备自己这样杀同胞，是不对的。我临出国之前，曾给蒋写过一封亲笔信"。

冯玉祥的这封临别赠言《上蒋主席书》，写于 8 月 26 日，在 9 月 11 日的《大公报》上公开发表，信中写了五个问题：

第一，希望蒋介石终止内战，实现和平，信中说："今日大局以和平为天经地义，国际要和，国内更要和。和了一切有办法，打了必有至痛至惨之结局。且打了还是要和，任便打多久，到头还是和。打得越久，所遭惨痛越深，而问题依然未解决。与其将来和，何如现在和。故和平为不二之计，望主席握得牢，立得稳，不容放松动摇。"

第二，批评蒋政权统治下，"社会凋敝，民生贫困，至今日已达极点"，要求蒋介石立刻开发资源，使"人人有事做，有饭吃"，在接受盟国帮助的同时，"亟须奋发，以求自力更生。"

第三，希望蒋介石效法西方，实行民主政治："自来大政治家，领袖国族，法乎天地之德，无不成功。今日西洋民主政治之原理，亦不外乎此。当年，有人问华盛顿为何而得成大功。华盛顿答曰：'无他，我唯能使我之敌人成为我之友人而已。'至祈主席深味此意，而身体力行之。"

第四，指出"言论自由，实为政治之起点"，批评今日"最大的病窦"为"说话仍多阻碍，书刊仍多限制"，开导蒋介石"以多听不好听的话为有益""当结交一二十位在野名流，常与之东说说，西谈谈，自然耳目日新，不致壅塞。"

第五，批评官吏贪污挥霍、欺压民众，军警纪律废弛、扰民害民等"风纪败坏"现象，要求蒋介石"力求防范纠正"，研究措施"以挽狂澜。"

冯玉祥最后写道：

整装待发，未能面辞，故扼要直陈，以渎清听。……祥虽远离，如有电召，当即归来，临别诚不胜恋恋之情，尚肃，敬颂钧安。

在抗战胜利后的建国问题上，具体表现在和与战、民主与独裁的问题上，冯玉祥与蒋介石已是志不同、道不合，然而，临别赠言，还是苦口婆心，希望蒋介石能够往好的方面改变。

冯玉祥的良苦用心，已唤不起蒋介石的良知，冯玉祥的希望，又是一个幻想。1946 年 8 月 28 日，冯玉祥一行离开南京抵达上海，候船赴美。此时，蒋介石正在忙于部署内战，再加上与冯玉祥已貌合神离，冯玉祥离开南京时，他没有为他当年的"盟兄"送行。当然，冯玉祥也没向他当年的"盟弟"辞行。冯玉祥抵达上海后，倒是有各界人士举行各种会议，为他送行。周恩来和邓颖超则亲自登门看望，并委托冯夫人李德全到美国后代表中国妇女参加世界妇女代表大会，还再三嘱咐冯玉祥让不能一同赴美的几个子女先行离开上海，以免生意外，其信任、关切之情，浸透着真诚的友谊与期望。

冯玉祥在上海公和祥码头登上"美琪将军号"，有百余名政府官员前来欢送，其中包括孔祥熙这样的显赫要人，但依然没有蒋介石。

从此，蒋冯各自东西，再没有见过面。可是，他们二人的关系并没有就此终结，虽在大洋两岸，却发生了质的改变。

九、决裂

政见分歧，蒋介石和冯玉祥分处太平洋两岸。

学生流血，蒋冯矛盾公开。

内战与和平对立，独裁与民主不容，蒋介石与冯玉祥展开了没有硝烟的激烈搏斗。

大洋此岸的蒋介石说，冯玉祥诋毁政府，公然宣告叛国。

大洋彼岸的冯玉祥说，蒋介石是孙中山的叛徒，是希特勒第二。

大洋此岸的蒋介石开除了冯玉祥的国民党党籍；大洋彼岸的冯玉祥明告蒋介石：我将攻击和反对你到底！

蒋介石和冯玉祥，这对二十年前的结义弟兄，现在，彻底决裂了。

矛盾公开了

蒋介石是个有魄力的独裁者，为了独裁，他下决心用武力消灭中共，下狠心对付他辖区的民众。

民主同盟中央委员李公朴和闻一多，宣传和平民主，反对内战独裁，冲了蒋介石的肺管子。1946 年 7 月 11 日和 15 日，蒋介石的特务先后将他们暗杀了，仅仅 5 天之内，昆明一城之中，就制造了两起血案。

最使蒋介石头痛的是青年学生，他们消息灵通，察觉敏锐，富有激情，人多势众，闹起事来，影响颇大。1946 年 12 月，美军强奸北大女学生所激起的民众抗议运动，站在最前列的就是全国数十个城市的约 50 万名学生。他们响亮地喊出了“美军滚出中国去”的口号，还在上海成立了全国学生抗议美军暴行联合总会，搞得全国骚然。到了 1947 年春夏之际，学生们的抗暴斗争，又逐渐同反饥饿、反内战、反迫害的运动相结合，提出了要饭吃、要和平、要自由的口号，掀起了更大规模的学潮。5 月 4 日，上海各校学生游行，反对内战，5 月 9 日，上海工人、学生 8000 余人包围市政府，反对冻结工资。从 5 月中旬开始，上海、南京、北平等城市的学生先后罢课、游行，反蒋的烈火迅速蔓延、扩大……

蒋介石是不会让学生运动如此发展下去的，他要施以高压。

5月18日，国民党政府颁布了《维持社会秩序临时办法》，严禁10人以上的请愿和一切罢工、罢课及游行示威，并指令有关当局对违犯者"作有效之制裁"。

同一天，蒋介石亲自发出恫吓和威胁："国家何贵乎有如此毁法乱纪之学校，亦何惜乎如此恣肆暴戾之青年？"对学生运动

北平学生写在火车上抗议美军暴行的口号

"不能不采取断然处置"。爱国学生没有被吓倒，没有屈服。

5月19日，上海15所专科以上学校5000余学生游行示威；天津各大学罢课。

5月20日，北平7000余学生举行反饥饿反内战游行；京沪苏杭地区6000余学生在南京联合举行挽救教育危机大游行，在珠江路口遭军警镇压，100余人受伤，20余人被捕；天津学生举行反饥饿反内战游行，也遭军警镇压，50余人受伤，17人被捕。

"五二〇"血案激起广大学生更加强烈的反抗，学生运动迅速扩展到60多个大中城市，并得到社会各界和上层爱国民主人士、各民主党派的支持和援助。学生运动的高涨，推动了国民党统治区工人、农民、市民斗争的发展。1947年，有上百万工人举行罢工和示威游行，有数十万人的农民武装反抗暴政，而参加抢米风潮的市民，仅3月到7月的五个月当中，就有17万人之多。以学生为主力的人民运动，形成了与人民解放军相配合的反蒋斗争的第二条战线，蒋介石政府已处在全民的包围中。

蒋介石与人民为敌，以暴力镇压民众，结果是搬起石头砸了自己的脚，彻底地失去了民众，自己的独裁统治也就快要坍塌了。

蒋介石镇压学生的消息传到了美国，激怒了在太平洋彼岸的冯玉祥。

南京学生举行反饥饿、反内战示威大游行

冯玉祥一行经过两周的海上颠簸，1946年9月14日抵达美国旧金山。当他从报纸上看到蒋介石镇压学生的报道后，压抑不住内心的悲愤，在日记里写道：

谁都知道，国民党是靠学生起家的。当初孙中山先生创立国民党，为的是要救国救民；哪晓得到了今天，变成害国殃民了，把学生当作仇人，打、杀、抓、监禁，无所不用其极。不但对学生是这样，就是对教授也是一样打的打，杀的杀。这真使一般有志气、有血性的人，痛心到万分。他们说，学生是共产党运动的。你不是政府？不是党？

不是有宣传部吗？你们怎么不去运动学生？人心向背，是一清二楚了。不论怎么样，反对真理的人，一定是要失败的，任有多大的武力也不成，这是看得出来的。希特勒、墨索里尼武力还小？结果还不是失败？

这些青年男女，都是中华民国的主人；这些官吏，都是公仆。仆人打死主人，这不是叛徒是什么？反叛还有脸面来执政国家吗？这真是反了，实在是当被人讨伐。想想孙总理说的什么，想想革命先烈，想想五四运动为的什么？谁也想不到，今天会弄成这个样子，真是伤心，真是痛心！

1947年5月26日的旧金山《世界日报》，在显著位置刊登了一份《告全国同胞书》，署名冯玉祥。

告同胞书一开头写道：

青年学生是中华民国的青年主人，因为吃不饱穿不暖，诚恳地向仆人们说："你们不要打仗！"这是他们的本分，他们应当有这个权力，仆人杀主人，仆人打主人，这是彻底地反叛行动……这件事情，是应当马上认罪的。

告同胞书以国民党党员的"天良来说真话"，批评了国民党执政者推翻政协协议，大打内战；批评了内战以来国统区经济上货币贬值，米价上涨，人民无法生活；批评了国民党对军队待遇不公，赏罚不明；批评了国民党主义不明确，党员看不见主义在哪里；批评了国民党当权者排斥异己，任人唯亲；批评了国民党当权者压制宋庆龄、何香凝等主张和平民主的妇女领袖；批评了国民党随便征粮、征兵，违背民意；批评了国民党军队纪律败坏，骚扰人民；批评了国民党通讯机关指白为黑，造谣生事；批评了国民党特务横行，滥杀无辜；不指名地批评了蒋介石贪人民之功窃为己有："八年以来，得到了胜利，这是人民的功劳，死伤的人民，拿血换来的胜利，哪里能够偷天之功，忘记了人民大众，全说是我自己怎样？……那是别人的恭维则可，岂能自圣自贤，把一切全都抹杀呢？枉自高大，这是内战的起因。"

告同胞书最后指出：

总而言之，以上各条都是实在的事情，千言万语，若不马上改悔，马上对大众认错，彻底和平，中华民国的国格，更要往下落。只为自己的人，希特勒、墨索里尼得到的什么结果？……目前紧急万分，应该马上实行：

（一）即日停战议和。

（二）在上海成立议和机关。

（三）请张表方、李济深、宋庆龄、何香凝、陈铭枢、蔡廷锴、蒋光鼐、戴戟、马占山诸位先生和沈钧儒先生等民盟的朋友主持和议大计。

（四）国共和各党派各出代表五至七人。

（五）各大学先生、学生各出代表若干人，农工商各出代表若干人。

（六）首先要对各大学、中学先生发足米贴津贴，好监督政府和读书。

（七）对于国共双方军队，都认为有功于国，都是服从命令，一律实行优恤。

（八）真正成立联合政府。

冯蒋关于和平与内战、民主与独裁的分歧与矛盾，由于学生运动的引发，而公开化了。此后，冯玉祥一发而不可收拾，10月10日，在哥伦比亚大学的中国学生欢迎庆祝会上，又发表了《国庆演词》，继续呼吁和平民主，打击国民党政府的暴行。第二天，纽约各大报纷纷以"中国基督将军公开谴责蒋介石，呼吁美国不要支持蒋""基督将军说蒋介石是希特勒第二"等大字标题，详尽地报道了这篇演词，影响波及国内外。11月10日，在纽约成立了旅美中国和平民主联盟，冯玉祥出任执行委员会主席。这是一个旅美华侨的群众性组织，旨在实现国内的和平民主。冯玉祥以"联盟"主席名义致函美国总统杜鲁门、国务卿马歇尔和美国国会，表明了反对美国援蒋助长中国内战的严正立场，"联盟"刻印的刊物中更以无可辩驳的事实，揭露了美国援蒋的内幕。

冯玉祥公开反蒋了。

蒋介石也不客气了。

战场外的搏斗

冯玉祥在大洋彼岸公开反蒋，蒋介石在大洋此岸暴跳如雷。

国民党《中央日报》针对冯玉祥的《告全国同胞书》，专发了一篇题为《斥冯玉祥》的社论，指责冯玉祥在"党国艰困"之际，"却反转过来，辱骂我们的党，骂我们党的领袖蒋先生"，这是"叛党"行为，是无"人格"、无"骨气"，是接受了共产党的"津贴"……

《晨报》也发表了一篇署名文章，写道：

……告全国同胞书，细察书内，有偏于一方，终无益于国民，如此谬论，殊甚可惜。冯先生既有心呼吁和平，何以包藏共产党坏处，半句并无提及，岂是共产党应该杀人、放火、毁桥、拆路吗？政府抗战八年，国穷力尽，但共产党不打日本，来打政府，杀主人共产党应该做吗？冯先生想做和事佬，要公正之，勿欺骗同胞，何以骂政府，不骂共产党，你良心何在？细看你书中，确系与共产党宣传无疑，但你又话系国民党员，如此人格，不值一个烂铜钱……

宣传上的围攻、谩骂之外，还有政治上的威胁，蒋介石虽未亲自出面，但却借用国民党的某些海外组织之口说出，国民党美东支部发出电文说：

> 南京中央海外部并转中央常务委员会钧鉴：中委冯玉祥近在旧金山发表告同胞书，诋毁总裁，诬蔑政府，甘为"共匪"张目，背叛党国，逆迹昭彰，美东同志，愤慨万状，恳请即行开除冯逆党籍，并转请政府吊销冯逆护照，饬令归国法办，以伸党纪国法。

冯玉祥在报纸上看到了这封电报，处之泰然，毫无所动，他在日记中写道：

> 我读了这个电报以后，觉得国民党可怜到万分！我发表的告同胞书，是说杀学生打学生，就是杀主人打主人。他们说，这就是反叛。这样是不准我说话啰！那么应当怎么说？那就是说必须多多的打学生，多多的杀学生，公仆们都起来打学生杀学生，这才是忠实的国民党员吗？这真是笑话到万分！我不晓得这些直属支部，是一个人的党，还是一家人的党？这够多么可怜！

国民党败坏到如此程度，冯玉祥早就不想做这个党的党员了，"开除党籍"之类的威胁，已不起丝毫作用了。当有的华侨出于关心问及这一问题时，冯玉祥回答说：

党籍问题，我在抗战胜利之后，见政府并不实行三民主义，觉得做党员没有意义，曾写信给国民党中央委员会和蒋介石，自愿请求除去党籍。后来中委会会议，派居正对我再三挽留⋯⋯

冯玉祥的旧部薛笃弼时任国民党政府行政院政务委员兼水利部部长、张之江为国民参政会参政员，他们唯恐冯的言行殃及他们，联名写信给冯说：

⋯⋯当此多事之秋，先生耆德硕望，一言一行，均为中外所重视，党国之休戚荣辱，亦即先生之休戚荣辱。⋯⋯先生对于党国大计如有所论列，似可直接密陈蒋公或张院长，最好避免在各报纸或集会发表，至于琐屑细故以不谈为宜。⋯⋯笃弼等恳请先生慎重发言之忠谏已非一次，今再不揣冒昧涕泣以陈⋯⋯

这封信，激怒了冯玉祥，7月6日，他分别写了回信，内中的辛辣嘲讽胜过直言批驳，读起来真是大快人心。

他给薛笃弼的信中说：

⋯⋯由国内来人说：你的兄弟和你的儿子在中央大学读书，这一次学生运动被人打死打伤，我听了十分难过！不过，为了在政府里做事，最好还是不说什么好一点。谨言慎行是要紧的事。孩子们算什么？就拿他们当做不是自己的孩子，可不就算完了吗？达观达观，这是最好的办法。

他给张之江的信写道：

⋯⋯由国内来人说：你的兄弟、你的儿子和你的女儿在南京和武汉读书，此次学生运动被人打死打伤。我听了难过极了！可是又一想，因为你是参政员，又是党员，最好是不说话，往开里想，以为他们就是外国人，与咱们没什么关系，这样不是就好了吗？何必着急呢？达观达观。可是要想到滦州革命的人，因为他们不怕，他们为老百姓舍了命。唉！

他们都是呆子，咱们还是聪明一点好……

冯玉祥不怕围攻威胁、不听旧部"忠谏"，大义凛然，坚持斗争，并准备为此而牺牲，他在日记里写道：

> 我为了蒋杀许多青年学生，我看了如同杀我的弟弟妹妹一样，也如同杀我的子女一样，我要为他们呼冤报仇。我也知道，蒋派特务对付我。但是，我为青年们而死，我觉得是我的本分。若我死了，我相信还会有千万个冯玉祥起来做殊死斗争。

冯玉祥发表《国庆演词》以后，在短短几个月的时间里，做了数以百计的演讲，举行了多次记者招待会，访问了许多主持正义的美国议员、法官，大声疾呼，反对内战独裁，反对美国援蒋。这一切，又使国民党更加惊慌，更为震怒，于是，对冯玉祥的污蔑和攻击又接踵而来。

国民党政府驻美大使馆在报纸上公开发表了《斥冯玉祥在国外诋毁政府的声明》。

南京方面向报界宣称："在国民党新党章下，所有党员必须重新登记。冯玉祥如拟重新登记，保持党籍时，必被国民党以不忠之罪名，开除党籍。"

国内外大小蒋记报纸倾巢出动，笔伐围攻。

《中国少年报》发表社论《国贼冯玉祥》：

"冯玉祥自借考察水利名义来美后，实际做着种种卖国活动，对政府肆意恶詈，组织非法团体与共产党公开联络，歪曲事实，煽动各地留学生……近复变本加厉，当美国国会议员热烈讨论紧急援华之时，彼竟在美京四处活动，反对美国借款助我。祖国同胞久经丧乱垂死待救，冯玉祥竟忍心谓不应救济，其丧心病狂，叫他做国贼，实属罪浮于诛。

"回忆过去事实，冯玉祥对不住国家，对不住同胞……冯玉祥早已为人人皆可杀的国贼。冯玉祥不只对不住国家，对不住同胞，更对不住世界人类和此次战争牺牲了的盟国健儿。冯玉祥苟有血性，早应自杀以谢国人，还在花言巧语，加重自己的罪恶，将难进春秋正义的诛伐。

203

"……冯玉祥又说'共匪'不是苏联指使，完全是违心之言，小孩子都不相信。胡说八道，祸国殃民，罪不可恕，我们美国侨胞要起来赶走这个无耻的国贼。"《中国少年报》又有题为《答复冯玉祥先生》的署名文章写道：

"你自民国二十年沈阳事变后即为共产党辩护，你现在仍然是中国共产党的宣传员。我从未听见你批评共产党一句。……共产党只是利用你为工具，以破坏国民党，使你身败名裂……"

《美洲日报》《民气日报》等，或"奉劝侨胞，千万不可上冯玉祥的当"，或"愿以宝贵的篇幅，再清算冯玉祥的罪恶，使侨胞们能够抵御任何毒素的侵袭"等。

这些颠倒黑白的胡言乱语，这些诽谤诋毁和恶意中伤，无损于冯玉祥的爱国形象，也蒙骗不了爱国华侨的眼睛。冯玉祥读了这些文章，只是轻蔑地一笑，不去理它。《华侨日报》《纽约新报》等爱国报纸，则挺身而出，奋起反击，把国民党的御用报纸和反动文痞们的无稽之谈，批驳得淋漓尽致。

一个叫周以德的美国共和党议员，以前曾在中国传教，后来专门替蒋介石抬轿子，吹喇叭。此时，他与国民党的御用报纸相呼应，对冯玉祥大肆攻击。周以德在美国国会上说：

"冯玉祥在美国肆意诋毁中国政府，实有失美国殷勤招待之意……冯玉祥与'共匪'狼狈为奸，意图破坏中国政府之信用，希望由此可重温其军阀揽权之旧梦。冯玉祥纯系恶意诋毁中华民国。冯玉祥因为得到美国民主远东政策委员会的赞助，才得以有机会在美国大放厥词。应知该委员会系声名狼藉之共产党外围组织，一向以破坏中美邦交为其任务……"

周以德到处大发谬论，他说："在多难的中国史上，以卖主求荣叛变失信著称者，无过于冯玉祥。冯玉祥一生即在叛变中度日。冯玉祥过去为满足个人之私欲，不惜多次勾结军阀，割据中国。而现在竟又与'共匪'狼狈为奸，企图将中华民国变为苏联之附庸。""1926年冯氏去莫斯科入其所谓革命学校读书，返国后参加赤化中国之阴谋。他把冯玉祥、美国前副总统华莱士及美国进步人士，放在一起攻击："华莱士在国外攻击美国外交政策，已为美国人士所鄙弃，今冯玉祥竟步华莱士之后尘""中国人士无不鄙视冯玉祥，而美国左翼分子，竟奉之若神明，诚属可笑……"

冯玉祥反击了。他在《华侨日报》发文说：

"周氏指余曾反对吴佩孚、段祺瑞等，故被称为'以叛乱为职业之军人，周氏岂欲余拥护满清、拥护袁世凯、段祺瑞、吴佩孚及现在之独裁者，而后堪称忠于中国人民乎？彼对中国历史之认识可谓浅薄矣！"

冯玉祥在公开集会上揭露周以德："近来你们这里有个坏小子叫周以德的，大家大概已有所闻，他信口雌黄地对我进行了一系列的攻击。据我了解，他的讲话内容，是由 CC 派在美国负责宣传的国民党大使馆参赞陈之迈供给的。而这位陈之迈先生，也是个对中国历史一窍不通的蠢东西。周以德氏还自以为得意，殊不知他上了陈之迈的当，已在世人面前大出其丑了。""对于下院议员周以德对我的攻击，我最后只想说，如果周以德肯睁开眼睛正视事实，他也必会同样反对蒋介石。"

周以德是明尼苏达州选出的议员，冯玉祥应邀到这个州进行了 27 次讲演，产生了很大影响。当地著名商界领袖们听了讲演，联名通电国务卿马歇尔，强烈反对美国继续援蒋。冯玉祥为自己讲演的成功而高兴，他说："这次我可说痛快了，周以德这小子可把我恨坏了，因为我抄了他的老家。"

决裂，彻底的决裂

1947 年 11 月 15 日，冯玉祥在美国《民族报》上发表了《我为什么与蒋决裂？》一文，全面阐述了对国民党政府和美国援助中国的看法，指出蒋介石政权是中国所有腐败政府的顶峰。外国的金钱是无法使它免予垮台的。美国应停止对蒋介石的一切援助。

冯玉祥破釜沉舟，决心与蒋介石彻底决裂。

1947 年 7 月以来，中国人民解放军发动了战略反攻，蒋介石在战场上连吃败仗，11 月 30 日，他在日记中写道："全国各战场皆陷于劣势被动之危境"，共军进逼，"李济深、冯玉祥且与之遥遥相应，公然宣告叛国，此诚存亡危急之秋也。"

蒋介石把冯玉祥的爱国视为"叛国"，因政治上的敌对而最终决裂，更严厉地迫害向冯玉祥猛袭而来。

1947年12月20日，各大报纸刊出如下消息："南京政府今日宣布，冯玉祥去年被派赴美考察水利，今已任务完毕，着令其在年前返国，此令由美京中国大使馆传达予冯。"

12月27日，一封盖有国民党政府驻美大使馆印章的公函送到冯玉祥手中，内有吴鼎昌26日的电报："顾大使转冯焕章先生鉴：奉主席谕，先生考察职务以本年底为止，请于12月底前回国。特达。吴鼎昌寝。"

12月30日，冯玉祥在纽约举行招待报界会议，就被召回国一事发表声明："当我在华盛顿时，中国大使馆给我转来蒋介石的侍从室主任吴鼎昌的一封信，信中说蒋介石个人命令我在年底前回国。

"但是，就在不久前，我收到了行政院张群院长一封信，指示我明年继续在此地进行我的水利考察任务。张群先生甚至善意地给代表团预支了1948年上半年的经费。

"我的任务是由行政院指派，并且是直接向后者负责的。因此，我对蒋介石的个人命令感到困惑，因为这是同行政院的命令相矛盾的。这种明显地践踏政府既定的工作步骤的个人行为，是一种典型的独裁行为。我本人为能拒绝承认这一行为而感到万分荣幸，并期待着对此作出的进一步澄清。

"许多人曾忠告我，我直言不讳地批评南京政府实施内战和独裁的罪恶政策，其结果可能是将我召回国内，使我保持缄默。如果蒋介石的命令是为了这个目的，那我愿意听到诚实的、公开的说明。"

冯玉祥不仅依理拒绝了蒋介石的命令，而且向在场的记者们宣布，他将和所有要推翻蒋介石的人合作；他将继续到美国各地讲演，使更多的人反对蒋介石。

31日，《华侨日报》和美国各大报纸均在头版头条发布了消息："为被召回国事招待报界会议冯将军发表重要声明指出蒋介石此举违反行政手续"。

冯玉祥夫人李德全此时不在纽约，她给冯玉祥写来一封短信："国民党员要重新登记了。老蒋召你回国，这一切都证明你在人民心目中的威望更高了，高得使他怕极了！努力吧，光明就在眼前。"冯玉祥的回信则更加简短而坚定无畏："我就等着他通缉了，还有什么呢？"他在日记中又写道："我们要救人民，第一个就是要准备死，第二个就是要准备坐监，第三个就是准备被通缉。那不是什么特别的事，也不是什么意外的事。"

1948年元旦以来，蒋介石先后撤掉了冯玉祥水利特使职务，断绝其经济来源，串通美国政府吊销了冯玉祥的护照，使其在美无法容身。

接着，国民党中央社自南京发出电报："逗留美国抗命不归之冯玉祥，在美发表谬论，诋毁政府，并组织旅美中国和平民主联盟，其叛国之行为，

1948年元旦，冯玉祥当选为中国国民党革命委员会中央常务委员、中央政治委员会主席

业经审查属实，国民党中常会7日通过，依照中央监察委员会常会之决议，开除冯玉祥党籍。"

1948年1月7日，蒋介石开除了冯玉祥的国民党党籍，把事做绝了。

1月7日夜间，冯玉祥就得知了被开除国民党党籍的消息。这是他意料中的事，他不震惊、不沉重、不痛苦、不遗憾，而是满身轻松，因为他终于在名义上脱离了这个背叛孙中山革命精神、与民众为敌的蒋家党，因为国民党中的革命者已在元旦组建了新党——中国国民党革命委员会。他已被选为中央常务委员和政治委员会主席。

他在1月7日的日记里写道："我的决心办法：1. 做真正革命党；2. 为民众死；3. 努力写东西；4. 读英文。"

1月14日，冯玉祥在纽约举行记者招待会，对被开除党籍一事发表声明。他说："蒋介石将我开除出他的国民党，这并不使我感到意外，……我被控告对党'不忠'，如果这是指我反对他进行内战和独裁的罪恶政策而言，我就得认罪。但是，忠于蒋介石专制独裁的任何行为，都意味着对中华民族和孙逸仙博士的三民主义的背叛。"

他指出："1947 年 12 月 27 日，当我接到蒋介石个人要我回国的命令后，我就立即去电张群院长，提出我辞去'水利研究委员会'主任委员的辞呈，……我自认，我同南京政府的关系已彻底终了。"

他揭露："自蒋介石二十年前篡夺国民党的领导权并背叛孙逸仙博士的三民主义以来，中国是沦于贪污、腐败与混乱中……抗战胜利后，蒋介石立即发动内战，并强化他的独裁制度。"

他宣告："我得出结论，认为必须像对待清朝、袁世凯和北洋军阀一样，推翻蒋介石的统治，以便在中国能最终实现和平与民主。"

他表示："我本人为被选入革命委员会的中央而感到荣幸。我保证同国民党内民主派的同志们一起，为推翻蒋介石的独裁统治，在中国实现和平与民主而奋斗。"

1948 年 2 月 8 日，冯玉祥在《纽约下午报》发表了《致蒋介石的一封公开信》。蒋冯交往 20 多年来，除了面谈面议，互相还发过不少电报，写过不少书信，而冯玉祥的这封公开信，则是写给蒋介石的最后一封信。既然已经彻底决裂，那就无所顾忌，不留任何情面，而彻底揭露，严厉抨击，措辞上比以往任何一封信都更加激烈。

冯玉祥在信中历数了蒋介石的罪恶历史：

"1927 年，你辞职了……然而我却促你回来，并支持你任陆军总司令职……

"可是，你这时已开始背叛孙中山先生和中国国民党了。

"1931 年 9 月日本侵略东北以后，许多国民，包括我自己，为着国家而呼吁抵抗。可是，你却坚持着屈膝的不抵抗政策。

"1935 年……你仍要拖延着抵抗，并且继续压制抗日运动。

"1936 年 12 月，你在西安被一些你的嫡系将军们带领着你的嫡系军队捉住……你答应了抗日，但你对之仍甚冷淡，事实上，在抗日战争期间，你对抗战是没有信心的。

"在多年的战争中，你常常秘密地努力从事准备与敌人谋和，而你的对内政策却是一个独裁者。

"抗日胜利以后，你撕毁了政治协商会议全部决议案和诺言。

"在过去两年中，你从美国人的口袋里拿了亿万元花费了……你使用美国武器和飞机打内战，不知炸杀了多少中国民众？"

冯玉祥在信中严厉指责蒋介石：

"政府的腐败与无效能，你是不能辞其咎的。实际上，这种罪恶是由你所促成的啊！

"你只要人家忠心于你，不管他们怎样腐败，在你左右没有人敢对你作任何批评，在你的字典里面是没有'法律'和'正义'的字样，并且凭着你的意旨随便捕杀人民。所以民主运动，你严加压制了，没有言论自由，报纸、会社或任何人等作了批评，便呼之为共产党。"

冯玉祥痛悔 1927 年支持蒋介石复职，他在信中说："现在我已感到支持你的罪过，而要向中国人民负起责任，协助他们把你赶走。"

冯玉祥在信中抨击了蒋介石对自己的迫害，明确宣布与蒋斗争到底：

"1947 年 8 月，我接到你派来美国的特务人员一封恐吓信，严厉地警告我，要是我再来抨击你的话，那么，我的性命将会危险。我却把这封信放入纸篓里。自此以后，我在言论上更加毫不迟疑地和大声疾呼地抨击你的政策了。

"你又用个人的命令召我回国，凭着你个人的决断，开除了我的党籍。这对我是无所惊奇的。

"1948 年 1 月 1 日，在香港已成立国民党革命委员会……我也很光荣的当选革命委员会中央委员，誓矢奋斗，以推翻你的反动政权，务求在中国建立真正民主和平。

"1948 年 1 月 14 日，我正式宣布与你的政府完全脱离关系了。从现在起，我将攻击和反对你到底。"

冯玉祥在公开信最后指出："现在你打内战已是失败了，而你的崩溃之期已逼近了，我知道你仍希望美国援助，但这也不能拯救你的。"信中向蒋介石提出"最后的献议下野，立刻离开中国，把所有的交还人民！……退休在南美洲某些地方，最好是阿根廷，以终余年……这不仅为着你自己，而且为着四万万五千万中国人民。"

内战与和平、独裁与民主的水火不容，使蒋冯身居大洋两岸，更使他们彻底决裂，成为政敌。这里已不包含任何个人间的恩恩怨怨，而是有关国家前途和命运的大是大非。

蒋介石不甘失败，要为他的独裁政权而竭尽全力。

冯玉祥继续斗争，为实现民主、富强、现代化的新中国而不遗余力。

遗嘱

冯玉祥早有为大众献身、为国家民族牺牲的决心与精神准备。1936 年 11 月 10 日，他在《生死》一诗中写道：

> 人人都有死，
>
> 不必论迟早，
>
> 只要为革命，
>
> 只要为大众。
>
> 虽然早死亦永生。
>
> 若是不如此，
>
> 活到千岁万岁有何用？
>
> 此理要认清，
>
> 此理要看明，
>
> 朝朝夕夕记在我心中。

1937 年，他在《献身》一诗中又写道：

> 献身给国家，
>
> 不怕刀砍和枪杀；
>
> 献身给民族，
>
> 情愿粉身与碎骨。
>
> 民族生存，我方生存，

我身虽死，换得民族生存。

国家自由，我方自由，

我身虽死，换得国家自由。

冯玉祥自与蒋介石彻底决裂后，决心反蒋到底，考虑到蒋介石会用更卑劣的手段对付自己，随时都有可能遭到美蒋特务的暗算，1948年2月10日，他在笔记本里，用毛笔写下了遗嘱。

冯玉祥在遗嘱里，再次谴责了蒋介石自推翻政协决议以来的独裁暴行，概括地回顾了推翻清政府、建立民国以来自己一生的主要活动，接着，阐述了他与蒋决裂的原因：

"七七"抗战以来，蒋把他自己的军队竭力补充，藏在陕西和后方，而使他人军队去牺牲，并且对于主张抗日之人，视为仇敌。

八年抗战以来，种种打算，蒋只是消灭异己，培植其私人势力……日本投降之后，蒋以为他一人抗战，一人有功，所派接收人员，全由其一人所派……结果成为明抢明夺之事实，弄得天怒人怨……

因此种种，我觉得我应当本着推翻"满清"、打倒洪宪的民主救国精神和勇气，来打倒这个专制魔鬼的希特勒第二的蒋中正，使中国成为真正民有、民享、民治的民主国。

遗嘱最后部分写道：

蒋派出的特务很多，他们一定要用种种卑劣手段对付我。因此，我把我的遗嘱预先写好，免得我死后人们无办法，或是莫名其妙。分条写出如下：

一、孙中山先生之遗教，如第一次代表大会的文件，是我的朋友们的方针。

二、革命委员会的宣言和毛泽东先生、民盟的最近宣言，同志们应作为指针。

三、要确信反帝国主义、反封建、反内战、反饥饿是我们的目标，并且是一定成功。

四、蒋是封建头子，帝国主义之狗，非铲净不可。

五、我没有什么东西，有几间房子，都交李德全夫人。

六、我死后，最好焚成灰，扔到太平洋。如果国内民主和平，真的联合政府成立了，那还是深埋6尺种树，不把我的肥料白白的完了。将来树长成，好给学校和图书馆做桌椅用。

七、至于我的几个孩子，虽然还有未毕业的，只要他们能自爱，有双手，就不会饿死。

这一天晚上，冯玉祥在日记里写道：

"我的遗嘱写好了，不怕任何时候皆可以死的。"

冯玉祥如释重负，了却了一桩心事，解除了后顾之忧，他可以一心无挂地进行他的"铲蒋"斗争。

1948年春，美国政府无视中国人民的抗议，国会准备正式讨论通过"援华"案。对此，冯玉祥忧心如焚，决心拼命阻止。但是，他已被剥夺了官职、吊销了护照，再在公开讲坛上发表演说已受到美国政府的限制，再在美国报纸上发表文章已非常困难了。于是，他和朋友们决定，以他的名义写信反对美国援蒋，发给每一位美国国会议员。3月27日晚，冯玉祥在500多封信上逐一签上了自己的英文名字，一直忙到深夜。

冯玉祥在美国街头演讲，反对美国支持蒋介石打内战

冯玉祥失掉了公开合法发表演说的条件，便以一个流亡的革命者的身份，在纽约市街头，利用美国职工中午下班吃饭的空隙，向他们发表演说，他告诉美国人民，他们的血汗正在被他们的政府用于支持一个腐败残暴的中国反动政权。冯玉祥有时和夫人李德全一起走上街头，向

美国民众指出，蒋介石反动政府独裁专横，借口"剿共"，大打内战，置民族生存于不顾，献媚于美，丧失国家主权，屈膝求援，把重要军事基地让给美军以换取美元，心甘情愿做美国的殖民地；而美国政府所执行的是地地道道的以华杀华、坐收渔利的反人道政策。他们还向美国民众介绍了蒋介石内战独裁给中国人民带来的苦难，并指出，最近蒋介石内战一败涂地，财源告竭，又向美国借巨款，而美国政府必然将这一经济负担转嫁于美国人民身上。他们呼吁美国人民不能坐视不管，任凭政府恣意胡为。

冯玉祥的街头演讲，使美国许多普通民众了解了中国内战的真相，认识到了美国援蒋的错误。有的工人领袖曾在冯玉祥演讲的现场发表讲话，反对政府无止境援蒋，还有不少人以捐款表示对中国人民的慰问与同情。

"努力写东西"，是冯玉祥另一个重要斗争手段。

1948 年 1 月中旬，冯玉祥就酝酿写一本书，就他二十年来对蒋介石的亲身见闻，写一本叫作《我所认识的蒋介石》的书。冯玉祥用了两个月的回忆与思考，拟出了四十二章的细目。在此期间，他在日记里记下了写这本书的思想动机"蒋真卖国，共有真见，蒋介石的失败在于人心已去，美国再怎么帮助他，也只是打打不起作用的吗啡针而已。我是这段历史的见证人，有责任把它写出来让今人和后人有所了解。"也估计到了书写成后可能产生的严重后果："对于我自己：1. 要下监。2. 要被蒋枪决。3. 要被蒋特务杀害。这是为民主和平努力应得的报酬。"

冯玉祥心里明白，美国政府随时都有可能将自己驱逐出境，应该抓紧一切时间，把书尽快写出来。

冯玉祥口述，夫人李德全记录，写书工作在紧张地进行着，他往往一气口述 5000 多字，累得李德全有时手酸痉挛，伸展不开。全书在冯玉祥离美前已完成，大大超过原来计划，竟一共写了 77 章，约 17 万字。

《我所认识的蒋介石》，从 1925 年冯玉祥第一次听说"蒋介石"三个字写起，一直写到 1948 年。冯玉祥以亲身所见所闻的大量事实，记述了蒋介石在各个历史阶段的所作所为，揭露了蒋介石的"庐山真面目"。书写成后，冯玉祥寄给了翦伯赞转李济深。1948 年 8 月 12 日，冯玉祥在给李济深的信中指出，这本书"是一件铲蒋工作，希望能早日印出，或择要在报纸上发表为最好。"

这本书确是冯玉祥的一件"铲蒋"工作，他在序言中说明，写这本书是"为铲除独裁，打倒小袁世凯，打倒希特勒第二"，又说："总而言之，看了这本书，一定能知道蒋是一个什么样的害国殃民的强盗，我不求别的，我愿意全世界的人类不要受蒋的欺骗，就算了。"

1948年2月末，美国移民局的官员，以检查护照为名，曾向冯玉祥发出过不能继续住美的暗号。事隔不久，冯玉祥几个在美读书的子女，又分别接到了美国移民局的通知书，通知他们护照即将期满，不得继续留美。这又是一个暗示。

事态表明，美国政府驱逐冯玉祥出境，已是迟早的问题了。

同时，冯玉祥自被革除公职后，国民党政府已不再支付经费，经济拮据，在美生活，也难以为继。

美蒋反动势力的逼迫，冯玉祥不得不做离美回国的准备。

1948年春夏，人民解放军的战略进攻胜利发展，彻底推翻蒋家王朝，已为期不远。4月30日，中共中央发出纪念五一劳动节口号，号召召开没有反动分子参加的新的政治协议会议，讨论并实现召集人民代表大会，筹建民主联合政府。

中共中央的这一号召，得到中国国民党革命委员会和其他民主党派及无党派民主人士的热烈响应，冯玉祥作为"民革"中央常委，为建立真正民主联合政府而奔走呼号的斗士，自然感到欣喜。

国内形势发展表明，蒋介石败局已定，革命胜利在即，冯玉祥在大洋彼岸的斗争任务已经结束，他该回国参与筹建民主联合政府了。

冯玉祥在中共的周密安排和苏联驻美大使的协助下，决定经苏联转赴祖国解放区。

离美前夕，冯玉祥分别给旅美侨胞和美国朋友留下了告别书，为他在美国近两年的斗争，画了一个圆满的句号。

冯玉祥离美的前一天，即7月30日，报上刊登了他的《告别留美侨胞书》：

亲爱的留美同胞们：

为了祖国的召唤，玉祥不能不和亲爱的侨胞和同学们暂时告别了！短短留美的两年中，和侨胞们、同学们携着手，在海外高竖起反对独裁争取民主的旗帜，从事于把祖国真相报道给美国人民的工作。在这离别的时候，对侨胞们和同学们，玉祥一方面是衷心地万分感谢，一方面是希望朋友们再接再厉，完成我们未竟的工作。

玉祥这次回国是为了参加新的政治协商会议，筹备召开全国人民代表大会，组织真正民主的联合政府。从每天的报纸上，侨胞们和同学们都看得很清楚，尽管在美国千方百计援助之下，蒋氏独裁政权已日趋危殆，摇摇欲坠。中国人民的力量正在以排山倒海之势蓬勃地发展，中国前途是再清楚也没有了。人民的胜利就在不远的将来。

除了蒋介石及其反动集团外，将都有代表参加新的政治协商会议。这当中包括了中国共产党，中国国民党革命委员会，中国民主同盟和其他各党各派及无党无派的人士参加。这是一个真正代表中国人民利益的政治会议，这是中国历史从旧王朝走向新时代的一个里程碑。

侨胞们在美国所受的种种痛苦，玉祥一定要在这个新的政协会议中详细地提出。在蒋政权统治之下，今天侨胞们如果回到故乡，几十年血汗换来的一点积蓄，会被官僚恶霸敲诈得一干二净。继续留美工作的，会受到种种的歧视……这一切一切的问题，玉祥都要提出在新政协研究解决的办法。

但侨胞们的自由同时也是要侨胞们自己去争取的。不愿意受剥削，受欺骗，受歧视的侨胞们，应该团结起来反对蒋氏独裁，反对官僚资本，反对美国援蒋。

在积极的民主运动当中，产生出中坚的干部来，准备在全国人民代表大会当中，为侨胞之福利而呼喊，并且定出确实有效的政策来。

留美同学们，在异国辛勤地学习，完全得不到祖国的照顾。学费没有着落，学成归国后，职业也成问题，即使找到工作，在疯狂的通货膨胀之下，也无法维持最低的生活，对这一切一切痛苦，玉祥都要在新政协中详细提出，以便得出补救的办法。但是同学们的福利，同时也要靠同学们自己去争取的，独裁政权的万恶，同学们比谁都清楚，但因种种具体困难，同学们反独裁的斗争还需要更坚强，更普遍。

希望诸位同学要同侨胞们携起手来，掀起一个争自由争民主的巨浪。

最后，敬祝侨胞们、同学们健康和自由民主运动的开展。

冯玉祥离美的当天，即7月31日，报上刊载了他的《告别美国人士书》。

冯玉祥首先对美国人士同情、支持、反蒋及反对美国援蒋的运动，表示感谢。接着说明他回国的目的及新政治协商会议的性质和任务，然后指出："我对于中国民主运动之最后胜利具有极大的信心。我可以向你们保证新的中国不仅要维持中美之间的友谊，而且要增进它。我们欢迎所有民主的美国人士到新中国来观光、投资和工作。"他强调说："美国现行对华政策，经济与军事援助最贪污最反动的蒋介石政权以苟延其生命，是违反中国人民利益的。结果，中国人民的苦痛是延长了，美国纳税人民的钱都等于丢在老鼠洞里，而中美之间传统友谊是破坏了。"他最后指出："在悠长的中国历史中，中国人民是从不向威权屈服的。中国的大学教授与学生都已宣称他们宁可饿死也不接受美国的救济。我希望你们，美国的朋友们，尽一切的努力来变更目前这种有害的政策。"

冯玉祥留下了对旅美侨胞和美国人民的感谢、希望和惜别，踏上了重返祖国的归途。

十、人去与魂归

蒋介石打内战，短短 3 年就败得彻底，他离开了总统宝座，离开了他统治多年的中国大陆。人去了，22 年的个人权势顿时消失，原来是一场春梦。

冯玉祥争和平为民主，在斗争实践中完成了他一生中最有意义的转变——走向新民主主义的中国。他奔向光明之时，不幸遇难，爱国忠魂归中华。

冯玉祥长眠泰山，人民敬仰他，祖国怀念他。蒋介石客死他乡，孤魂欲归来，紫金山等他。蒋冯合离 20 年，贯穿多半部中国现代史，是非功过，自有人民评说。

一场春梦

1949 年 1 月 21 日，蒋介石乘"美龄号"专机，从南京明故宫机场起飞，绕空一周，向首都投去最后一瞥，心中无限感慨，真是"无限江山，别时容易见时难"，此一别，就再没能回来。

22 年前，在南京，蒋介石在共产党员和革命群众的血泊中，建立了国民政府。他成为这个政府的实际最高统治者，中华民国进入了蒋家王朝时代。

蒋介石踌躇满志，雄心勃勃，在派系争夺中战胜了比他资历老的对手，在军阀混战中打败了所有杂牌军，稳固了自己在国民党中的地位。

蒋介石对红军发动了五次大规模"围剿"，虽说接连吃过几次败仗，但利用中共内部的错误，总算迫使红军进行了二万五千里的大搬家，退往陕北一隅，白色政权的版图空前扩大。

蒋介石为了保住自己的江山，曾比较积极地抗击了日本侵略军，后来虽然消极抗日、坐待胜利，但总算坚持到日本败降。以中国人民的奋勇抗战和中国在世界反法西斯战争中的重要地位，中国成了世界"四强"之一，而蒋介石也成了"抗战建国领袖"。

抗战胜利后的国际国内形势，曾给了中国以和平民主的大好机会。但是，民主与独裁的严重对立，使得代表大地主、大资产阶级的蒋介石政权经受不住也不愿进行任何民主改革。蒋介石违背世界潮流，不顾中国人民意愿，凭借美国的援助，依靠手中的强大军队，悍然发动了空前规模的内战，像被他反对过的北洋军阀一样，重温"武力统一"的旧梦。

内战后期国统区内大批逃难的人群

3年内战，蒋介石由胜转败，由盛到衰，自己点燃的战火，烧毁了南京总统府的宝座，22年的专制统治，成了春梦一场。

战争的第一年，蒋介石和他的将领们，曾信心十足，以为430万人的飞机加面包，很快就会打败120万人的小米加步枪。1946年10月11日，蒋军占领了张家口，以为胜利了，于是，蒋介石就一手包办召开了伪国大，制定了伪宪法；1947年3月19日，中共中央主动撤出延安，蒋介石和他的将领们为占领延安而兴高采烈，声称中共已"不堪一击"，认为中共军队的首脑机关已"无所寄托，只能随处流窜"。毛泽东指出："蒋介石日暮途穷，欲以开'国大'、打延安两项办法，打击我党，加强自己。其实，将适得其反。""蒋介石自走绝路，开'国大'、打延安两着一做，他的一切欺骗全被揭破，这是有利于人民解放战争的发展的。"到了1947年6月，国民党军共占领了105座城市，但却损失了112万人，胜利乎？失败乎？蒋介石认为"胜利"了，实则失败了。

战争的第二年，人民解放军各路大军，从1947年7月至9月，依次由解放区打向国统区，转入了战略反攻，而蒋军则被迫转入"全面防御"，战争形势发生了根本转变，如同毛泽东所说："这是一个历史的转折点。这是蒋介石的 20 年反革命统治由发展到消灭的转折点。这是 100 多年以来帝国主义在中国的统治由发展到消灭的转折点。"蒋军在人民解放军的强大攻势面前，节节败退，先后由"全面防御"转为"分区防御"，又改为"重点防御"，到了 1948 年 8 月，被歼灭的人数又增加了 152 万，同时还丢掉了 164 座城市，分别被孤立在西北、中原、华东、华北、东北 5 个战场的少数城市里。蒋介石在军事上，继续打了败仗。

蒋介石为了挽回败局，支撑岌岌可危的专制政权，1947 年 7 月又发动了所谓"戡乱总动员"，让他的党徒们对"覆巢"的严重危机提高警觉，全力作困兽之斗，同时，剥夺了人民的一切自由权利，大肆捕杀爱国民众。10 月，又宣布民主同盟为"非法团体"，反民主的独裁面目进一步暴露。1948 年 3 月末至 5 月初，蒋介石召开了所谓"行宪国大"，玩弄"还政于民"的骗术，他自己依"法"当上了总统。然而，政治上的高压和欺骗都无济于事，国统区的爱国民主运动进一步走向高涨。

蒋介石为了支持反革命战争，加紧了对经济的垄断、控制和对人民的搜刮，使本已走上危机之路的国统区经济，雪上加霜，到 1948 年已陷入崩溃的绝境。同年 10 月发行金圆券，以 300 万元法币兑换一元金圆券，也未能阻止货币贬值和物价飞涨之风。蒋介石为挽救经济危机所采取的一切办法，都宣告失败。国统区经济已病入膏肓，不可救治。

蒋介石在军事、政治、经济等各个方面，都显示出垂死挣扎的不祥之兆，他的独裁统治在快速地走向覆灭。

战争的第三年，人民解放军进行了空前规模的大决战，先后发动了辽沈、淮海、平津三大战役。从 1948 年 9 月 12 日至 1949 年 1 月 31 日，在这四个月零十九天的大决战中，蒋介石损失了 154 万人，维持统治的主要军事力量不复存在了，同时，丢掉了长江以北的中原、华东、华北和东北地区，首都南京以及上海、武汉等重镇已处于解放军的直接威胁之下。

在战略决战过程中，蒋介石为了挽回败局，不断地飞来飞去，亲自部署，鼓动打气。但是，蒋介石到了哪里，哪里就打败仗；面对越来越不妙的战场形势，蒋介石在打气时也说了不少泄气的话，真是心力交瘁，前途未卜。

辽沈战役打响后，1948 年 9 月 30 日，蒋介石飞到北平，命傅作义以两个军的兵力救援锦州，并向高级将领训话：革命发生了困难，将是长期的，预料八年后美苏必战，战争的结果是美国胜利，我们也胜利。蒋介石将"胜利"预支到八年后美国的胜利，反倒给将领们泄了气，感到蒋自己都毫无信心，这仗还有什么打头呢？

10月2日，蒋介石飞抵沈阳，向师长以上人员训话："我这次亲到沈阳来，是救你们出去。你们过去要找共军主力都找不到，现在东北共军主力已经集中在辽西走廊，正是你们为党国立功的好机会。我相信你们一定能够发挥过去作战的牺牲精神，和关内国军协同作战，一定可以成功的。……万一你们这次不能打出去，那么来生再见。"3日，对辽西作战方案作了详细部署，给有关部队下达了命令，当日返回北平。

10月5日，蒋介石飞天津，转塘沽，乘军舰到锦西葫芦岛，6日对该岛将领训话："这一次战争关系重大，等华北两个军及烟台一个军运到后，协同沈阳国军包围锦州的'共匪'，然后接应沈阳国军到锦州。各将士的任务重大，几十万人的生命，都交给你们负责，要有杀身成仁的决心。"同时指定海军舰队以大炮击毁塔山共军阵地，并向锦州的范汉杰通话慰问。7日返回北平，9日回到南京。

蒋介石回到南京的当天，解放军发起对锦州的进攻，范汉杰的十万人马成为瓮中之鳖。10月15日，蒋介石再度飞临沈阳，亲自督战，空投"手谕"给范汉杰："能守则守，不能守退出锦西"，同日空投"手谕"给郑洞国，严令长春国民党军向沈阳突围。可是，当日晚锦州失守，范汉杰所部全部被歼，范本人也成了共军俘虏。16日，蒋介石飞回北平。17日，长春守军一部起义，19日，郑洞国投降，长春落入共军之手。

10月18日，蒋介石偕杜聿明第三次飞赴沈阳，命令锦西的"东进兵团"继续北进，彰武、新立屯一带的廖耀湘"西进兵团"立即南进，企图南北夹击，"规复锦州"，然后掩护沈阳国军经北宁路撤入关内。结果，廖耀湘兵团10万人于28日全部被歼，廖亦成了俘虏，11月9日，东北全境解放。

辽沈战役，蒋介石亲自部署，亲自指挥，也未能逃脱失败的命运。

淮海战役打响之后，蒋介石的黄伯韬兵团和黄维兵团先后被歼，12月4日，杜聿明所部三个兵团也被共军合围。蒋介石为了解杜部之围，急调华中的一个兵团赴徐州地区增援，但却遭到华中"剿总"总司令白崇禧的阻拦。12月24日，白崇禧又从武汉给蒋介石发出电报，打起"和谈"的旗子，逼蒋下野；在白的策动下，湖北省参议会、河南和湖南两省主席，也先后致电蒋介石，要求与中共"恢复和谈"，并要求蒋"毅然下野"，以利和谈进行。

战场上的失败，异己派系的相逼，乞求美援的不顺，使得蒋介石内外交困，处于四面楚歌的境地。为了使南京的独裁政权能够延续下去，就在这战略决战正酣之际，1949年元旦，蒋介石发表了要求和谈的《新年文告》，表示愿与中共商讨"停止战争，恢复和平的具体办法"，声称，只要和平能够实现，"则个人的进退出处，绝不萦怀，而一唯国民的公意是从"，但又提出以保存伪宪法、伪法统及反动军队等作为和谈的条件。

1949年1月14日，毛泽东发表《关于时局的声明》，揭露了蒋介石"和平"建议的虚伪性，提出了八项和谈条件，得到全国人民和各民主党派的热烈拥护。1月8日，国民党政府请求美、英、法、苏四国政府"调停"中国内战，也先后遭到四国政府的拒绝。至此，蒋介石不得不宣告"引退"了。

1月19日，蒋介石约张群、张治中、吴忠信、孙科、邵力子、吴铁城、陈立夫等人谈话，蒋一开始就说："我是决定下野的了，现在有两个案子请大家研究：一个是请李德邻出来谈和。谈妥了我再下野；一个是我现在就下野，一切由李德邻主持。"半响儿没人说话，蒋就一个一个地问，问到吴铁城时，吴说："这个问题是不是应该召集中常会来讨论一下？"蒋愤然说："不必，我现在不是被共产党打倒的，是被国民党打倒的！我再不愿意进中央党部的大门了！"蒋最后说："我决心采用第二案，下野的文告应该怎样说，大家去研究，不过主要意思要包含'我既不能贯彻戡乱的主张，又何忍再为和平的障碍'，这一点。"蒋介石说的"我是被国民党打倒的"这句话一传出，很快就有人回敬说："国民党不是被共产党打倒的，是被蒋某人打倒的！"这一说法既有讽刺意味，又颇有几分道理。

1月21日下午，蒋介石在黄埔路总统官邸召集国民党中常委会议，以"因故不能视事"为由宣布"引退"，由"副总统"李宗仁代理其"总统"职务。蒋介石在讲话时声音低沉，似有无限悲伤，会场气氛沉重、凄惋，有人在暗暗流泪，蒋的话音一落，竟有几个人失声痛哭，谷正纲忽忍泪起立大声疾呼：

"总裁不应退休,应继续领导,和共产党作战到底!"

蒋介石语调低沉:"事实已不可能,我已作此决定了。"

会议讨论了有关和谈的原则问题之后,蒋介石便起立宣布散会走了。

当天,蒋介石驱车前往紫金山,拜谒了中山陵,下午4时许,就登机起飞,离开了南京。

蒋介石乘专机经杭州抵达奉化,1月25日回归故里溪口。蒋介石在溪口建立七座电台,仍以国民党总裁名义,"以党控政",继续指挥军队和特务系统,操纵党政军大权。

李宗仁以代"总统"身份表示愿意以中共所提八项条件

1949年1月25日,第三次下野的蒋介石与蒋经国回到溪口老家

为基础进行和平谈判,并派出以张治中为首席代表的和谈代表团,赴北平谈判。但4月20日,却拒绝在和平协定上签字。

4月20日夜和21日,人民解放军发起渡江战役,国民党苦心经营三个半月的长江防线,顷刻瓦解。4月23日,人民解放军攻占南京,统治中国22年的蒋家王朝,就此覆灭。

此后,蒋介石在中国大陆和台湾做出过种种努力,但始终未能恢复他昔日的"霸业",作为一代中国的最高统治者,他永远地去了。

蒋介石的独裁专制未能"长命百岁",短短的22年就灰飞烟灭,与人民为敌的政权,只不过是掌权人的一场春梦!

秋日忠魂

蒋介石离开南京前两个月，爱国将军冯玉祥的忠魂回归了故国。

1948 年 11 月，李德全抱着冯玉祥的骨灰盒抵达东北解放区，1949 年 2 月 26 日到达北平。

在冯玉祥逝世一周年纪念日来临之际，周恩来、宋庆龄、林伯渠、董必武、李济深等 171 人，在北平联名发出了"发起冯玉祥先生追悼大会启事"：

> 冯玉祥先生于 1948 年 9 月 1 日在黑海遇难，同人等爱发起于本年周年祭日假帅府园艺专礼堂举行追悼会。如荷先生生前友好及景仰先生之人士，惠赐诗歌、散文及纪念文字，请于 8 月 28 日以前寄交北京饭店收转冯玉祥先生追悼会筹备处为荷。

9 月 1 日，周恩来等 600 多人出席了冯玉祥逝世一周年纪念大会。毛泽东亲题挽词：

> 冯玉祥将军逝世周年纪念谨致悼意

李济深主持祭礼，周恩来致悼词：

> 冯玉祥先生从一个典型的旧军人转变为一个民主的军人，他经过曲折的道路，最后走向了新民主主义的中国。冯先生生前进行反蒋，尤其在美国最后一幕与美帝国主义曾进行了正面的斗争。……冯先生坚决地拒绝了美帝国主义对他的引诱，毅然离美。准备回到中国解放区，接受参加新政治协商会议的号召，不幸中途遇难，实值得大家纪念。

李济深、郭沫若等许多冯玉祥生前好友，都先后致了悼词。

最后，李德全以慷慨悲凉的声音，扼要追溯了冯玉祥一生的重要经历，并简要叙述了冯玉祥遇难的经过——

1948 年 7 月 31 日，冯玉祥夫妇一行八人，在纽约登上了苏联客轮"胜利号"离开了美国。航行中，冯玉祥的大部分时间都用于看书、写日记和整理文稿，8 月 8 日，写了一首题为《小燕》的长诗。这是他一生中最后的一首诗，其中充满了鲜明的反帝精神：

> ……第二次世界大战后，美人食前言……金元为工具，到处造强权，各洲设基地，无处不为然，德意日所为，转眼又复现。……不可轻人民，人民主人翁。不可恃武力，武力非万能；不可再援蒋，延长我战争。几十亿金元，抛入无底坑；此种冤枉债，我人定不还。……

"胜利号"横过大西洋，8 月 10 日，驶入直布罗陀海峡。8 月 12 日，冯玉祥给李济深写了一封长信，这是他一生中的最后一封信。冯玉祥在信中揭露了美国的黑暗面和对华侨的歧视，抨击了美国社会的残酷，回顾了他在美国所做的部分工作，其中比较详细地介绍了 1948 年 4 月 9 日他与美帝国主义最后一幕的正面斗争。这一天，一个美国官员来到冯玉祥寓所。

美官员："从中国回来的美国官吏和传教士们，及美国政府里的报告说：'小袁世凯，是贪污成性，而又无能，中国的民众，多数是痛恨他的，大多数的民众，都是盼望冯玉祥先生回去收拾一切。我们美国政府是反对共产党的，是决不能跟共产党合作的，只要你们不要共产党，我们美国政府愿意帮你们的大忙，用钱用军火有的是。'"

冯玉祥："无论做什么事，天理人情不能不讲，你们说不要共产党，与我们没关系。孙中山先生手订的三大政策，是我们的标准，中山先生亲笔写的，民生主义就是共产主义，这是我们全国同胞的宝典，哪能随便更改？更改了这个，便是叛徒。况且，马歇尔在重庆促成的政治协商会议，共产党的人们是在座的，那是有文献可查考的，不能和喝醉酒一样，说没有那么一回事。杜鲁门可以那么说，我们真正革命的党徒，是有主义的，不能随便说话。"

美官员："给你们六个月的时间，请你们民主人士考虑考虑……我们美国人，就是这个意见，只要你们不要共产党，我们就不要蒋介石，愿意帮助你们民主人士。"

冯玉祥："我们中国，有几千年的文化，不像美国，只有短短的一百多年。我们的哲学是：'天听自我民听，天视自我民视。'这是说明，全国的人民，工农大众，喜欢什么，我们说什么；喜欢什么，我们做什么。可是没有听说过，天视自美国人视，天听自美国人听，美国人喜欢我们说什么，我们就说什么；美国人喜欢我们做什么，我们就做什么。那确确实实的，不单是三民主义的叛徒，并且是中国的卖国贼，你看我冯玉祥是做这些事的人吗？"

冯玉祥在信中说：这次"谈了有一个半钟头的话，结果是不欢而散。"

8月17日，"胜利号"驶抵埃及北岸的亚历山大港，在此停泊了六天。18日，李德全和女儿理达上岸，到邮局往香港寄出了冯玉祥给李济深的信和《小燕》诗，之后买了报纸回到船上。21日，"胜利号"重新启航，向苏联黑海东岸的高加索海口巴统驶去。船抵巴统，停靠数日，又拔锚横渡黑海，向终点敖德萨驶去。

31日，无线电波传来了苏共中央政治局委员日丹诺夫逝世的消息。9月1日中午，全船举行了隆重的追悼大会。会后，船长宣布，明天船达敖德萨，请大家回舱休息，收拾东西，准备明天下船。午后两点中饭过后，女儿颖达、晓达未回自己的住舱，一起跟着进了父母的舱室。李德全动手收拾东西。冯玉祥半倚在床上，为坐在沙发上的两个女儿讲述他1926年去苏联的情景，接着又勉励女儿们：生活要靠自己有本事，你们自己要多多努力……正说着，晓达闻到了一股异味，又见有烟从门缝拥了进来，"着火了！"她惊呼着第一个往外跑了出去。跟着颖达也跑了出去，急去给姐姐理达报信。冯玉祥跳下床，提起随身的一只小箱，离开房间，李德全紧随其后，向过道走去。过道里，浓烟热浪，一片漆黑，李德全隐隐听见冯玉祥的呻吟声，但她在浓烟、火舌的袭击下头脑模糊、说不出话，已爱莫能助了。她下意识地在昏沉中回到了房间，跌倒在沙发上，一个"就这样完了"的闪念过后，便失去了知觉。

同一时间，女儿理达和女婿罗元铮的房间也受到了烟火的袭击，他们和前来报信的颖达，先后从窗户爬了出来，颖达昏了过去。儿子洪达和秘书赖亚力的房间受到烟火的包围后，他们也都从窗户跳了出来。

洪达、理达、罗元铮等先后赶到父母住舱前，用斧头劈开窗子，洪达冲进去，先把母亲送出窗口，后在住舱进门口处发现了父亲，竭尽全力想把父亲抱起，但未成功，浓烟窒息使他半昏半迷，向父亲的身上倒了下去。

这时，四个身穿消防服装的苏联船员冲进舱来，一人拉起洪达，三个人托起冯玉祥。洪达苏醒过来，同苏联船员一起，从窗口将父亲救出舱外，安放在远离烟火的甲板上。

冯玉祥安详地躺着，身上余温犹存。船医赶来，发现冯玉祥瞳孔扩散，脉搏已无，立刻进行人工呼吸，但多时不见心脏起搏。船医未带任何急救药物，当决定注射强心剂时，发现医务室正在燃烧，什么药品也拿不出了。

窒息过久，急救无药，冯玉祥与世长辞。

同冯玉祥一起遇难的，还有小女儿晓达。晓达冲出父母座舱后，直奔楼梯口。楼梯正是火源中心，还没等她反应过来是怎么回事，火焰就把她卷下去吞噬了，年仅十九岁。冯玉祥一行八人，其他人都幸存下来。

9月3日零点，两艘苏联军舰抵达出事地点，扑灭了"胜利号"的火焰，接上活下来的旅客，拖着"胜利号"，驶向敖德萨。中途一艘快艇将伤势很重的李德全等接走，直送克里米亚半岛上的一所疗养院，继续前往敖德萨。

9月6日，苏联政府派专机将李德全等接到莫斯科，商谈冯玉祥后事的处理办法，李德全表示，按照冯玉祥遗愿，身后火化。

9月7日，苏联政府派专机到敖德萨，将冯玉祥遗体接到莫斯科。机场上，举行了隆重的迎灵仪式。之后，送往火葬场。火化前，按照苏联陆军传统的最高葬礼，举行了告别仪式。灵堂布满了苏联党政军各方面敬献的花圈，冯玉祥的遗体躺在苍松翠柏和鲜花之中，灵床四角，四名苏联红军战士持枪肃立。苏联陆军高级将领主持仪式，哀乐声起，仪仗队鸣枪致哀。苏联方面致了悼词，李德全坚强镇定，简要回顾了冯玉祥的一生，作最后的告别："玉

227

祥，你安息吧！有晓达陪着你在一起，我们更放心了！"

仪式结束，遗体火化。民族忠魂，永存人间。

李德全最后说："冯玉祥的志愿是回到解放区，参加人民民主革命。现在遭遇不幸，他的志愿未能亲自看到实现，我也要把他的遗灰带回解放区来，以实现他的心愿。……今后，我只有更加百倍地努力，在党和毛主席领导之下，为人民民主革命，为新民主主义建设，尽我的一切力量。我觉得这是纪念我敬爱的冯玉祥最好的方法。"

泰山·紫金山

山东的泰山和南京的紫金山，海拔高度虽然相去甚远，但都是中国的名山。泰山为中国五岳之首，古诗云："会当凌绝顶，一览众山小。"是著名的旅游风景区。紫金山建有中山陵，孙中山先生长眠在这里，为世人所敬仰，是凭吊伟人的胜地。

冯玉祥墓

中共中央决定，将冯玉祥的骨灰安葬在泰山。于是，从1952年开始，在泰山西山麓下修建陵墓。泰山是冯玉祥生前最喜欢的地方，他曾两次避居在这里，读书、学习，探求道路，并和周围群众建立了深厚感情，对他后来的思想发展具有重要意义。陵墓建在这里，是最恰当的选择。

1953年10月15日，在建成的陵墓前，隆重地举行了冯玉祥骨灰安放仪式。中共中央统战部、全国政协、中央人民政府办公厅、民革中央等单位有关负责人、冯玉祥生前友好、山东和泰安有关单位负责人及当地机关、团体、学校代表和居民等，共800多人参加了仪式。墓地上庄严肃穆，墓前高悬着一副副挽词。毛泽东的挽词是：

冯玉祥将军逝世谨致悼意

朱德的挽词是：

焕章将军千古　为民主而牺牲

周恩来的挽词是：

纪念冯玉祥将军的最好办法是坚决地进行反对美帝国主义的斗争

墓的四周，放满了各有关单位和宋庆龄、李济深、张澜、沈钧儒、郭沫若、黄炎培等送的花圈。

中央人民政府副主席李济深主持仪式，在哀乐声中，冯洪达将父亲的骨灰盒放入墓壁正中央的洞穴内，群众中一片哭声。

全体默哀三分钟后，李济深致悼词，李德全致答词，冯洪达代表子女致谢词。

冯玉祥的陵墓墓阶分3层，由下拾级而上，一共66级，象征着冯玉祥一生度过了66个春秋。

陵墓由泰山花岗石砌成。墓壁上方是郭沫若书写的"冯玉祥先生之墓"七个金色大字。墓壁正中央安放骨灰盒的洞穴，以冯玉祥的侧面浮雕头像镶嵌封盖。头像下方，横嵌一块长方形的黑色花岗石，上面刻有冯玉祥1940年5月30日手书的一首诗《我》：

平民生平民活

不讲美不讲阔

只求为民只求为国

奋斗不懈守诚守拙

此志不移誓死抗倭

229

尽心尽力我写我说

咬紧牙关我便是我

努力努力一点不错

　　十年"文革"的浩劫中，不少历史名人的坟墓被掘，纪念物被毁，然而，冯玉祥的陵墓却安好无损，这就是人民的评说！

　　冯玉祥长眠泰山，此时，蒋介石退居台湾已整整四年了。

　　当年，蒋介石"引退"之后，仍以国民党总裁身份掌握着党政军大权，先后亲临上海、广州、重庆、成都等地，组织所剩的残余军事力量，做最后的支撑。但是，败局已无力挽回，1949年12月10日，蒋介石从成都凤凰山机场起飞，俯视眼底大好河山，心中怆然，几个小时之后，眼底已是茫茫东海，大陆已经看不见了，飞机直向台北飞去。此一去，蒋介石再也没有回来。

　　蒋介石退到台湾后，不久就恢复了"总统"职务，并继续当他的国民党总裁，喊了多少年的"反攻大陆"，也只是一句空话。1971年联合国大会决议恢复中华人民共和国在联合国的一切合法权利，1972年中美在上海发表联合公报，中日邦交实现正常化，这些，对85岁高龄的蒋介石都是重大打击。

　　从1972年起，蒋介石健康水平明显下降，先是得了前列腺炎，后又遇到一次车祸，接着又因感冒引起肺炎。1975年1月9日夜间，蒋介石在睡眠中发生心肌缺氧症，经急救转危为安，但病情不见缓解。3月29日，蒋介石口授了遗嘱，念念不忘"光复大陆"。4月5日下午，蒋介石感到腹部不适，泌尿系统失灵。晚8时，脉搏突然转慢，心脏跳动不规则，血压下降。以人工呼吸、心脏按压、药物注射及电极直刺心肌等办法急救，但终归无效。

　　1975年4月5日晚11时50分，蒋介石与世长辞，终年89岁。

　　台湾当局决定，从4月6日起一个月时间为"国丧"期，蒋的遗体停在台北市5天，供人瞻吊。

　　按照蒋介石生前所嘱，宋美龄和蒋经国决定，蒋介石的遗体暂厝于台北南60公里的慈湖行馆，"以待来日'光复'大陆，再奉安于南京紫金山"。

以前，"反攻大陆"，未能实现；如今，"光复大陆"，更不可能。但是，"奉安于南京紫金山"，并非无望，按照"一国两制"的政策，实现祖国和平统一之日，就是蒋氏父子了却这一"心愿"之时。紫金山在等待。

蒋介石和冯玉祥，身居高位，声名显赫，是中国现代史上两位重要人物。

蒋冯交往，始于大革命后期，中间经过十年内战、八年抗战，终止于解放战争，贯穿于多大半部中国现代史。他们之间在政治、军事方面的合作、矛盾、争执和决裂，从一个重要侧面反映了这一时期的中国历史，从某种意义上说，是这一段历史的缩影。

蒋冯交往的二十年间，他们同处于社会最高层，同属于执政的国民党营垒，但是，绝大部分时间里，他们政见不同，主张各异，因此，在历史上所起的作用，也就各自有别。蒋介石除了在北伐和抗日这两件事上具有某些值得称道之处，其他的所作所为，包括北伐和抗日期间的许多作为，是一个典型的旧中国的旧制度、旧秩序维护者的形象，阻碍中国的社会变革，迟滞中国现代化的进程，终为历史所抛弃。冯玉祥虽然是一位典型的旧军人，也有过个人的权势之争，但他绝大部分作为是站在历史的前头，朴素的爱国爱民思想上升为变革现状的强烈愿望和主张，摒弃旧的，创建新的转变为民主军人，接受人民民主，是历史的推动者。

对旧中国持何种态度，是蒋冯分歧的总根源，而对阻碍中国前进的帝国主义和封建势力的不同态度，则是蒋冯分歧乃至决裂的爆发点。"九一八"事变后的对日抵抗与不抵抗，"七七"事变后的全面抗战与片面抗战，这是他们走向分裂的头一个爆发点；战后的和平、民主、爱国与内战、独裁、卖国的对立，是他们走向分裂的第二个也是最直接的爆发点。他们的分裂和互为政敌，是历史的必然，势不可免。

蒋冯由合作走向决裂，政治因素是基本的，主导的，同时，也包括其他因素。其中有：

出身经历的不同。美国耶鲁大学教授赵浩生先生认为："蒋冯可以说是两个完全相反的典型，一个是大气磅礴，忠厚朴实的农民典型，另一个是心胸狭窄，诡计多端的交易所经纪人。"

品德的不同。冯洪达评论冯蒋时说："一个是光明磊落，另一个是阴险狡诈"。

性格的不同。赵浩生先生说："蒋介石的性格是自私顽固，心胸狭窄，他认为中国是他的，爱国就要爱他，不爱他就是不爱国。这种性格发展成其好独霸，讲权术，残酷无情和'宁予外贼，不予家奴'的作风。五十年来和蒋介石交往过的大人物中，不是沦为他的奴才，就是变成他的罪犯和牺牲品。其中和他分分合合的时间最久，但永远不愿作他的奴才，而且他也轻易不敢下毒手的就是冯玉祥。……以蒋冯二人的性格相比，冯是蒋的一面照妖镜……"

应当指出，历史人物的出身经历、品德、性格，尤其是前两者，都是具有社会性的，它们和政治思想、主张是联系的；甚至是互相影响、互相作用的，因此，不能孤立片面地只就这些因素来研究和评断历史人物。但是，考虑到这些因素还是有益的，它不仅能够开阔视野，更有利于多层面地、综合地研究历史人物。

蒋介石、冯玉祥及他们之间的关系，都是值得并需进一步探讨、研究的历史课题。枭雄乎？伟人乎？史家评说，人民评说。